海上絲綢之路基本文獻叢書

咸賓録（中）

〔明〕羅曰褧 撰

文物出版社

圖書在版編目（CIP）數據

咸賓録．中／（明）羅曰褧撰．-- 北京：文物出版社，2022.7
（海上絲綢之路基本文獻叢書）
ISBN 978-7-5010-7603-1

Ⅰ．①咸… Ⅱ．①羅… Ⅲ．①亞洲－中世紀史 Ⅳ．①K303

中國版本圖書館CIP數據核字（2022）第091060號

海上絲綢之路基本文獻叢書
咸賓録（中）

撰　　者：〔明〕羅曰褧
策　　劃：盛世博閱（北京）文化有限責任公司

封面設計：鞏榮彪
責任編輯：劉永海
責任印製：張　麗

出版發行：文物出版社
社　　址：北京市東城區東直門内北小街2號樓
郵　　編：100007
網　　址：http://www.wenwu.com
經　　銷：新華書店
印　　刷：北京旺都印務有限公司
開　　本：787mm×1092mm　1/16
印　　張：15.125
版　　次：2022年7月第1版
印　　次：2022年7月第1次印刷
書　　號：ISBN 978-7-5010-7603-1
定　　價：98.00圓

總緒

海上絲綢之路，一般意義上是指從秦漢至鴉片戰争前中國與世界進行政治、經濟、文化交流的海上通道，主要分爲經由黄海、東海的海路最終抵達日本列島及朝鮮半島的東海航綫和以徐聞、合浦、廣州、泉州爲起點通往東南亞及印度洋地區的南海航綫。

在中國古代文獻中，最早、最詳細記載『海上絲綢之路』航綫的是東漢班固的《漢書·地理志》，詳細記載了西漢黄門譯長率領應募者入海『齎黄金雜繒而往』之事，書中所出現的地理記載與東南亞地區相關，并與實際的地理狀況基本相符。

東漢後，中國進入魏晉南北朝長達三百多年的分裂割據時期，絲路上的交往也走向低谷。這一時期的絲路交往，以法顯的西行最爲著名。法顯作爲從陸路西行到印度，再由海路回國的第一人，根據親身經歷所寫的《佛國記》（又稱《法顯傳》）一書，詳細介紹了古代中亞和印度、巴基斯坦、斯里蘭卡等地的歷史及風土人情，是瞭解和研究海陸絲綢之路的珍貴歷史資料。

隨着隋唐的統一，中國經濟重心的南移，中國與西方交通以海路爲主，海上絲綢之路進入大發展時期。廣州成爲唐朝最大的海外貿易中心，朝廷設立市舶司，專門管理海外貿易。唐代著名的地理學家賈耽（七三〇～八〇五年）的《皇華四達記》記載了從廣州通往阿拉伯地區的海上交通『廣州通夷道』，詳述了從廣州港出發，經越南、馬來半島、蘇門答臘半島至印度、錫蘭，直至波斯灣沿岸各國的航綫及沿途地區的方位、名稱、島礁、山川、民俗等。譯經大師義净西行求法，將沿途見聞寫成著作《大唐西域求法高僧傳》，詳細記載了海上絲綢之路的發展變化，是我們瞭解絲綢之路不可多得的第一手資料。

宋代的造船技術和航海技術顯著提高，指南針廣泛應用於航海，中國商船的遠航能力大大提升。北宋徐兢的《宣和奉使高麗圖經》詳細記述了船舶製造、海洋地理和往來航綫，是研究宋代海外交通史、中朝友好關係史、中朝經濟文化交流史的重要文獻。南宋趙汝適《諸蕃志》記載，南海有五十三個國家和地區與南宋通商貿易，形成了通往日本、高麗、東南亞、印度、波斯、阿拉伯等地的『海上絲綢之路』。宋代爲了加强商貿往來，於北宋神宗元豐三年（一〇八〇年）頒佈了中國歷史上第一部海洋貿易管理條例《廣州市舶條法》，并稱爲宋代貿易管理的制度範本。

元朝在經濟上採用重商主義政策，鼓勵海外貿易，中國與歐洲的聯繫與交往非常頻繁，其中馬可•波羅、伊本•白圖泰等歐洲旅行家來到中國，留下了大量的旅行記，記録元代海上絲綢之路的盛况。元代的汪大淵兩次出海，撰寫出《島夷志略》一書，記録了二百多個國名和地名，其中不少首次見於中國著録，涉及的地理範圍東至菲律賓群島，西至非洲。這些都反映了元朝時中西經濟文化交流的豐富内容。

明、清政府先後多次實施海禁政策，海上絲綢之路的貿易逐漸衰落。但是從明永樂三年至明宣德八年的二十八年裏，鄭和率船隊七下西洋，先後到達的國家多達三十多個，在進行經貿交流的同時，也極大地促進了中外文化的交流，這些都詳見於《西洋蕃國志》《星槎勝覽》《瀛涯勝覽》等典籍中。

關於海上絲綢之路的文獻記述，除上述官員、學者、求法或傳教高僧以及旅行者的著作外，自《漢書》之後，歷代正史大都列有《地理志》《四夷傳》《西域傳》《外國傳》《蠻夷傳》《屬國傳》等篇章，加上唐宋以來衆多的典制類文獻、地方史志文獻，集中反映了歷代王朝對於周邊部族、政權以及西方世界的認識，都是關於海上絲綢之路的原始史料性文獻。

海上絲綢之路概念的形成，經歷了一個演變的過程。十九世紀七十年代德國地理學家費迪南・馮・李希霍芬（Ferdinad Von Richthofen，一八三三～一九〇五），在其《中國：親身旅行和研究成果》第三卷中首次把輸出中國絲綢的東西陸路稱爲『絲綢之路』。有『歐洲漢學泰斗』之稱的法國漢學家沙畹（Édouard Chavannes，一八六五～一九一八），在其一九〇三年著作的《西突厥史料》中提出『絲路有海陸兩道』，蘊涵了海上絲綢之路最初提法。迄今發現最早正式提出『海上絲綢之路』一詞的是日本考古學家三杉隆敏，他在一九六七年出版《中國瓷器之旅：探索海上的絲綢之路》中首次使用『海上絲綢之路』一詞；一九七九年三杉隆敏又出版了《海上絲綢之路》一書，其立意和出發點局限在東西方之間的陶瓷貿易與交流史。

二十世紀八十年代以來，在海外交通史研究中，『海上絲綢之路』一詞逐漸成爲中外學術界廣泛接受的概念。根據姚楠等人研究，饒宗頤先生是華人中最早提出『海上絲綢之路』的人，他的《海道之絲路與昆侖舶》正式提出『海上絲路』的稱謂。選堂先生評價海上絲綢之路是外交、貿易和文化交流作用的通道。此後，大陸學者馮蔚然在一九七八年編寫的《航運史話》中，使用『海上絲綢之路』一詞，這是迄今學界查到的中國大陸最早使用『海上絲綢之路』的人，更多地限於航海活動領域的考察。一九八〇年北京大學陳炎教授提出『海上絲綢之路』研究，并於一九八一年發表《略論海上絲綢之路》一文。他對海上絲綢之路的理解超越以往，且帶有濃厚的愛國主義思想。陳炎教授之後，從事研究海上絲綢之路的學者越來越多，尤其沿海港口城市向聯合國申請海上絲綢之路非物質文化遺産活動，將海上絲綢之路研究推向新高潮。另外，國家把建設『絲綢之路經濟帶』和『二十一世紀海上絲綢之路』作爲對外發展方針，將這一學術課題提升爲國家願景的高度，使海上絲綢之路形成超越學術進入政經層面的熱潮。

與海上絲綢之路學的萬千氣象相對應，海上絲綢之路文獻的整理工作仍顯滯後，遠遠跟不上突飛猛進的研究進展。二〇一八年厦門大學、中山大學等單位聯合發起『海上絲綢之路文獻集成』專案，尚在醖釀當中。我們不揣淺陋，深入調查，廣泛搜集，將有關海上絲綢之路的原始史料文獻和研究文獻，分爲風俗物産、雜史筆記、海防海事、典章檔案等六個類別，彙編成《海上絲綢之路歷史文化叢書》，於二〇二〇年影印出版。此輯面市以來，深受各大圖書館及相關研究者好評。爲讓更多的讀者親近古籍文獻，我們遴選出前編中的菁華，彙編成《海上絲綢之路基本文獻叢書》，以單行本影印出版，以饗讀者，以期爲讀者展現出一幅幅中外經濟文化交流的精美畫卷，爲海上絲綢之路的研究提供歷史借鑒，爲『二十一世紀海上絲綢之路』倡議構想的實踐做好歷史的詮釋和注脚，從而達到『以史爲鑒』『古爲今用』的目的。

凡例

一、本編注重史料的珍稀性，從《海上絲綢之路歷史文化叢書》中遴選出菁華，擬出版百册單行本。

二、本編所選之文獻，其編纂的年代下限至一九四九年。

三、本編排序無嚴格定式，所選之文獻篇幅以二百餘頁爲宜，以便讀者閱讀使用。

四、本編所選文獻，每種前皆注明版本、著者。

五、本編文獻皆爲影印，原始文本掃描之後經過修復處理，仍存原式，少數文獻由於原始底本欠佳，略有模糊之處，不影響閱讀使用。

六、本編原始底本非一時一地之出版物，原書裝幀、開本多有不同，本書彙編之後，統一爲十六開右翻本。

目録

戚賓録（中）

咸賓録（中）

卷三至卷六

〔明〕羅曰褧　撰

明萬曆十九年劉一焜刻本

咸賓録西夷志卷之三

明豫章羅曰褧尚之父著

哈密

哈密西域諸胡往來入貢要路也在漢時爲伊吾盧地昔漢明帝征匈奴取伊吾盧以爲屯田西域遂通葢其地高腴宜五谷桑麻蒲桃故漢數與匈奴爭車師伊吾以制西域焉及明帝崩焉耆龜茲攻没都護陳陸匈奴車師復圍戊巳校尉章帝不欲疲敝中國以事夷狄乃迎還戊巳校尉不復遣都護罷屯田以故伊吾遂爲匈奴有矣後班超定西域復得故伊吾

地鄧太后時西域畔超子班勇往平之於是龜茲等十七國皆來服從漢以伊吾傍近西域匈奴資之以爲鈔暴復令開設屯田如永元時事置伊吾司馬一人統之隋初商胡雜居有勝兵千餘人附於鐵勒人甚驍悍厥田良沃隋末内屬置伊吾郡屬天下亂又臣突厥唐貞觀初以頡利破滅遂舉其屬七城來降因裂其地爲西伊州自是遂爲唐郡縣矣至石晉時其地爲仲雲所據仲雲者小月氏之遺種也其人勇而好戰爪沙之人皆憚之晉遣高居誨使于闐經其地仲雲遣宰相都督等官候迎云牙帳居胡盧磧者

其地也宋王延德使高昌歷伊州地州將陳氏其先自唐開元初領州凡數十世唐時詔勑尚存盖舊非都城無君長名號可紀故諸史無伊吾傳云元末族屬威武王安克帖木兒居之我
朝永樂四年哈密遣使入貢詔封安克帖木兒子脫脫爲忠順王賜以金印所統有回回畏兀兒哈剌灰三種各以其酋目爲都督佐之并前洪武時所設關外衛共有七衛曰哈密曰安定（無城郭地廣千里）曰阿端（分安定地俱洪武八年置）曰赤斤蒙古（永樂二年置古月氏地也）曰曲先（永樂四年置）曰罕東曰罕東左（二衛皆洪武三十年置地在沙州其國勢極弱）俱在嘉峪關西而哈密又

在六衛西東去肅州西去土魯番各千五百里北至
瓦剌數百里凡西域天方等三十八國貢使至者咸
置哈密譯文具聞乃發脫脫卒三傳而孛羅帖木兒
嗣尋爲其臣下所殺王母努溫答力主國事嚴毅有
威國人畏服有謀弒之者見其面則戰慄失措劒器
皆墮成化中土魯番酋長阿力調其衆掠赤斤蒙古
不從恚即以兵劫王母及金印去哈密及三種夷無
主遂散居苦峪諸山谷或歸附居甘肅州亦有隨土
魯番去者甘州守臣上其事遣通政劉文高陽伯李
文往經略之竟不能得其要領而還甘肅守臣乘間

請以王母甥罕愼襲王哈密時阿力死阿黑麻代之罕愼貪而殘失衆心弘治初阿黑麻詐誘殺罕愼據其城上言罕愼非王裔請自王哈密馬文升議不許言非得元之遺裔不足以攝服諸番因命通事於諸番中訪忠順裔派得王姪陝巴上聞遂封陝巴忠順王主國事未幾阿黑麻復虜陝巴及金印去時兵侍張海以經略哈密在嘉峪關外表言請閉嘉峪關絶西域貢令諸夷歸怨阿黑麻而馬文升亦同此議乃西域諸夷怨朝廷賞賜太減又沮其由海道貢獅子反相率從阿黑麻阿黑麻遂復入哈密自稱可汗大

掠罕東諸夷已而阿黑麻西去留其將牙木蘭守哈密精兵不過四百騎撫臣許進帥臣劉寧諜知之乃用馬文升議效陳湯故事以副總兵彭清率番漢兵三千襲破哈密牙木蘭遁去（詳見許襄毅公平番始末）無何阿黑麻送回陝巴及金印而陝巴復故封陝巴卒子拜牙立時阿黑麻亦卒其子滿速兒立乃令其酋目火者他只丁襲破哈密逐拜牙而以數萬騎掠我肅州兵備陳九疇媾瓦剌達兵掠土魯番頗有斬獲而兵尚王瓊及中傷之遂下九疇詔獄未幾復起巡撫甘肅滿速兒入寇九疇奮勇力戰土魯番大敗頃之九疇

爲瓊中傷論戍而拜牙勢窮從土魯番其回回畏兀
兒哈剌灰三部亦皆歸附於是兵尚胡世寧上言哈
密諸族已自歸土魯番餘入居肅州者已久欲驅之
出不可也然則哈密將安興復哉即求其嫡派立之
誰與爲守不如閉嘉峪關置哈密不問會尚書桂萼
議亦同朝廷從之時王瓊發兵境上土魯番稍却又
爲兀剌所攻不獲爲寇至嘉靖初滿速兒遣使同天
方諸國通貢然哈密不復城而金印失矣其地自陜
西蘭州渡河千五百里至肅州肅州西七十里爲嘉
峪關關外並稱西域而陜西以南直四川抵雲南徼

外並稱西番其關之最西則爲哈密俗獷悍好利居惟土房諸夷雜處故衣服異制飲食異宜其山川天山一名雪山虜過此者皆下馬拜馬騣山有望鄉嶺嶺上有李陵題字處合羅川乃唐回鶻公主所居城基尚在產鑌鐵剖礪石中得之爲鑌鐵中有自然花紋價直過銀四味木其實如棗以竹刀則甘鐵刀則苦木刀則酸蘆刀則辛出天山大尾羊尾重者三斤小者一斤肉如熊日味甚佳野蠶綿蠶生苦參上絲可爲綿帛爲奇

高昌

高昌即火州以其地勢高敞物產昌盛故名高昌又山色如火天氣常熱故亦名火州本漢車師前王故地所謂交河城是也西域長史戊己校尉並居焉城

地有漢時高昌壘故以爲國號晉以其地爲高昌郡呂光張軌沮渠蒙遜據河西皆置太守以統之魏世祖時有闞爽者自稱高昌太守尋爲沮渠無諱奪據之無諱死其地又爲蠕蠕所幷立闞伯周爲王高昌之稱王自此始也伯周死子義成立其從兄首歸殺義成篡之首歸又爲高車王阿伏至羅所殺尋爲張孟明馬儒相繼王之俱爲國人所害遂共推馬儒長史麴嘉爲王會嚈噠破馬耆馬耆衆不自立請王于嘉嘉以第二子爲馬耆王高昌由是始大元魏時朝貢不絶俗好書故遣使奉表自以邊遐不習典誥求

借五經諸史并請國子助教劉燮以爲博士許之嘉
麴子堅立梁武帝時遣使貢羊刺蜜上遣杰公迓之
公曰平城羊刺無葉蜜色明白而味甘鹽城羊刺
葉大蜜色青而味薄是蜜乃鹽城產者詢之使者果
如其言頃之獻鳴鹽枕蒲桃良馬氍毹等物隋開皇
中突厥破其四城有二千人來歸中國時堅麴子伯
雅立以大業五年來朝從擊高麗還隋以宇文氏女
華陽公主妻之唐武德中遣使獻狗雌雄各一高六
寸長尺餘性甚慧能牽馬銜燭云生佛菻中國始有
佛菻狗矣貞觀初其王文泰來朝文泰伯雅子也後

與西突厥連結諸國朝貢者路出高昌文泰稍壅絕之太宗下詔讓其反覆遣使李道裕往問狀文泰遣使謝太宗引使責而王數年朝貢不入無藩臣禮我使人往文泰猥曰鷹飛于天雉竄于蒿猫遊于堂鼠安于穴各得其所豈不快耶明年當發兵以擊而國而王善自圖尋復諭入朝文泰稱疾不至乃遣將侯君集薛萬契苾何力牛進達等帥兵討之文泰聞王師至悸駭無他計發病死子智盛立君集等以兵薄其城智盛降君集分兵略定凡三州五縣二十二城戸八千口三萬馬四千先是其國人謡曰高昌兵如

霜雪唐家兵如日月日月照霜雪幾何自殄滅文泰捕謠所發不能得也捷書聞太宗大悅宴羣臣班次求功赦高昌所部披其地爲西州而置交河天山柳中蒲昌高昌五縣初西突厥遣其葉護屯兵於可汗浮屠城與高昌爲影響至是懼而來降以其地爲庭州置蒲類縣時魏徵褚遂良皆諫言宜立高昌人爲王書上勿納君集遂勒石紀功凱還獻俘從高昌豪傑于中國智盛拜弟智湛俱封郡公麴氏傳國九世凡百三十四年而亡智湛有子昭好學有鬻異書者母顧笥中金歎曰何愛此不使子有異聞乎盡持易

之昭歷司膳卿頗能辭章弟崇裕有武藝永徽中爲右武衛翊府中郎將封交河郡王及安史之亂其地陷没復自爲國然其地頗有回鶻故亦謂之回鶻宋建隆中來貢乾德初西州回鶻可汗遣僧法淵獻佛牙琉璃器琥珀盞太平興國中其國王師子王遣使來獻宋遣王延德至高昌會師子王避暑於北庭去高昌治所千餘里乃邀延德至北庭王及王子侍者東西拜受賜待延壽甚恭雍熙初延壽還敘其所來獻云云語詳見宋史中　國朝號火州永樂七年土酋遣人朝貢十二年吏部員外郎陳誠至其國還

言其國風物蕭條市里民居僧堂過半亦皆零落東
有荒城故址云古高昌國治自宣德以來或三年五
朝貢不絕其地城東七十里曰柳陳卽唐柳中縣
地西百里曰土魯番卽唐交河縣也其人貌類高麗
目深鼻高辮髮後垂衣尚錦繡俗婦人戴油帽名蘇幕遮
唐以爲曲名有城郭田畜兵器書史婚姻喪葬與華夏同
蓋其先爲唐朝郡縣故也事天神信佛法字亦有真
艸頗似韃靼亦常僭用回回語音好騎射時節潑水
爲戲地無雨雪每盛暑人皆穴地而居飛鳥羣聚河
濱或起飛則爲日氣所爍墜而傷翼其山川奇秀者

最多有靈山石皆黑紋如毛髮貪汗山夏有積雪火焰山出硇砂常有烟氣湧出至夕光焰若火照見禽鼠皆赤天山即祁連山亦天山縣蒲類海一名鹽澤瀚海地沙深丈尺若大風行者人馬相失其產羊刺草也其上生蜜味佳白疊子草實也如繭中有絲緒取織爲布名曰疊布砂鼠鷙禽捕食之赤白鹽白者如玉赤者如金火蠶緜絮衣一襲止用一兩稍過度則炎蒸之氣不可止禁矣爲奇

土魯番

土魯番亦車師地昔漢武帝遣使通西域樓蘭車師道苦之攻劫漢使王恢等又數爲匈奴耳目武帝遣趙破奴擊破車師至宣帝時分以爲車師前後王歷魏晉唐宋皆總屬高昌詳具見高昌志中元屬

長兀兒部我　朝永樂二十年吏部陳誠至其國宣德五年始遣使來貢以後不絕弘治間番酋阿力阿黑麻父子擾我西鄙虜我哈密忠順王即是時專伺隙竊至正德間遂數犯我甘肅語在哈密志中弘正間土魯番十三人入貢稱王者一人嘉靖初稱王者十五六人禮部議回勑書宜但稱王一人五年一貢爲便從之當是時土魯番殘破我嘉峪關外七衛及城郭諸國地廣人衆非復陳驗封奉使時矣其地峻壑窮崖天巧奇絕氣候煖少雨雪不生艸木少禽獸性最好殺西夷諸種不如去哈密千餘里中經黑風

水艸俱乏勢難遠據黠虜之計徒欲挾此以要利耳
人皆屋居土宜麻麥其產瓜棗羊馬之類

晉陳

晉陳古柳中地我　朝宣德五年晉陳萬戶兀赤剌
遣人來貢其地中經大川砂磧無水草牛馬過此輒
死道傍多骸骨有鬼魅行人失侶白日迷亡夷人謂
之旱海西行出流沙河北出火焰山山色如火氣候
煖風俗淳朴居人有回回畏兀兒二種土宜穄麥
秫豆物產惟小蒲桃甘甜無核為佳
論曰昔漢通西域當時以為斷匈奴右臂然必得伊

吾柳中車師諸地而後西域可通則哈密高昌之爲中國利害甚明也我　國家封護哈密蓋亦漢帝之意云及土魯番殘破七衛之後遂議棄哈密閉關絶貢余謂此權宜之術非久安之策也昔漢立都護匈奴世世稱藩今倘於伊吾車師故地設以督府鎮以重臣而屯田置員若漢家故事諸夷酋長仍封其爵第令之受我節制永爲外臣使西戎北虜兩不相通則邊陲可永無虞而國家之固如盤石矣

撒馬兒罕

撒馬兒罕漢爲罽賓隋爲漕國西域中大國也去嘉

略關萬里漢武帝通西域罽賓自以絶遠漢兵不能
至其王烏頭勞數剽殺漢使者烏頭勞死子代立遣
子奉獻漢使關都尉文忠送其使忠因與其國容屈
王子陰末赴共謀殺罽賓王而以漢印綬立陰末赴
元帝時陰末赴復殺漢使趙德等七十餘人上書貢
謝漢欲遣使者報送其使杜欽上書說王鳳乃止魏
言以後無聞至元魏復通焉其王都善見城遣使朝
[illegible]在隋更名漕國其王姓昭武字順達康國王之宗
茨也國法嚴整其俗淫祠有順天神祠潭以金銀爲
入祠前有一魚脊骨其孔中通馬騎出入大業中遣

入貢方物至唐復名罽賓王居修鮮城武德中遣使
獻寶帶金鎖水晶頗黎盞貞觀中貢俱物頭花丹紫
間其香遠聞又貢名馬太宗語大臣曰昔魏徵勸
我修文德安中夏今中夏安四夷貢獻皆徵力也乃
遣使厚齎賜其國王使至罽賓王再拜受命仍遣人
導至天竺二頭之獻褥特鼠喙尖尾赤能食蛇螫者嗅
且尿瘡即愈顯慶三年以其地為修鮮都督府拜其
王為修鮮都督開元天寶間屢遣使朝貢獻天文書
及秘方奇藥又獻上清珠光明潔白可照一室視之
有仙人玉女雲鶴之象搖動於其中及代宗即位寶

庫中往往有神光異氣上令檢出之每有水旱兵革之災禱之無不驗者蓋奇物也宋時未通我 朝洪武中國王帖木兒遣使貢駝馬詔厚賜之帖木兒者故元王駙馬也後復貢馬貢海青歷洪武朝凡四遣使奉貢馬而我遣給事傅安郭驥至西域留撒馬兒罕以其國豐腴偉麗宜居故也永樂初安等還言帖木兒死孫哈里嗣 上遣使祭帖木兒賜哈里璽書幣哈里貢謝復遣傅安報使至洪熙元年安始還國正統十二年貢玉石成化十九年阿黑麻王貢二獅子夷使請大臣出迎郎中陸容言獅子之爲獸在

郊廟不可以為犧牲在乘輿不可以備馭服理一不宜
受禮尚周洪謨亦以為不可命官出迎詔遣中官迎
獅子日食生羊二醋酣蜜酪各二瓶官養獅人光
祿日供給馬弘治二年遣使貢獅子夷人所過橫為
侵擾給事韓鼎上言珍禽異獸非宜狎玩且供費不
貲宜罷遣之未幾廣東布政陳選上言撒馬兒罕使
臣泊六灣貢獅子欲從廣南浮海往滿剌加更市獅
子入貢不可貴異物開海道利賈胡貽笑安南諸夷
三年由南海貢獅子禮官倪岳言南海非西域貢道
請卻之自後貢皆從嘉峪關入嘉靖中其國稱王者

五十三人皆遣人入貢地宜五穀王居高廣市肆稠密頗類中原西南番貨多聚於此其民巧彫文刻鏤織罽刺文綉尤善治室市易銀錢泥金書經山川景物頗類中原大抵如漢書所載今其俗尚未改也國東有養夷國小處孤城中四面蕭然沙鹿海牙民依崖谷居煙蕃庶有極臭草熬汁爲阿魏有細草熬膏如蜜賽藍五谷蕃殖有黑蜘蛛嚙人致死中者以薄荷枝拂毒遍身察以羊肝

達失干地狹人稠宜五谷民饒足迭里迷居民僅千百滋畜蕃息河西有蘆林多獅諸城皆隸焉其山川曰鐵門峽曰哈剌卜闌河其有鬱金香色正黃與芙蓉花相似罽苾思檀樹葉類山茶實類銀杏而小水晶鹽堅明如水晶琢爲盤以水濕之可和肉食花蕊布大尾羊見前狻猊

生七日未開目時取之易調習稍長則難馴伏以其筋爲琴弦一奏餘弦皆斷取一滴乳并他獸乳同[illegible]器中諸乳化爲水瓦矢實香草可辟蠹爲異

曰昔旅獒之訓禽荒之戒龜鑑昭然撒馬兒罕萬里貢璞足徵內治修矣第貢惟獅子夫獅子日食萬錢一咆哮即虎豹皆伏玆固猙獰之獸也以中人數十口之費日給一不可馴馭之物謂緩急何況中國所貴外夷賤之故南越以孔雀珥戸昆山以玉璞抵鵲中國得之以爲奇物夫獅象亦若是已倘四夷聞之各以所賤易其所貴殆非所以實內帑而撫遠人也陸容諸臣之論慮且遠矣

天竺

天竺一名身毒大國也地方三萬餘里分中東南西北五天竺國即所謂五印度也國各有王地各數千里東印度與扶南占城鄰但隔小海爾南印度際大海西印度與罽賓波斯接北距雪山四面皆山惟南通一谷爲國門其中印度則據四印度之中有別城數十皆置長別國數十置王曰舍衛曰伽尸即波羅也曰伽毗黎曰蘇摩黎曰斤施利曰摩伽陁曰婆門曰婆黎等國皆屬中天竺者而四天竺亦各有國數十難以盡紀矣自漢張騫見蜀布邛竹杖身

毋之名始通中國遂獻白玉連環羈馬腦石爲勒白光琉璃爲鞍鞍在闇室中常照一十餘丈如晝日自長安盛飾鞍韉競加彫鏤由身毒之獻始也後爲大月氏貴霜王所滅遂屬月氏焉至和桓時復遣使貢獻世傳明帝夢見金人遣使天竺求佛於是佛教遂傳中國圖畫形像焉楚王英始信其術而桓帝好神數祀浮屠老子百姓稍有奉者後遂轉盛魏晉絕不復通惟吳時扶南王范旃遣使蘇勿至其國天竺王驚曰海濱極遠猶有使者來乎即遣使陳宋等以月氏馬四匹報旃勿往四年方得還國是時吳遣中

郎康泰使扶南及見陳宋等具問天竺土俗言其國人淳龐土沃饒王號茂論習尚靡麗大有華風宋文帝元嘉時天竺屬國伽毗黎國王月愛遣使奉表獻金剛指環摩勒金環寳物赤白鸚鵡各一明帝時復遣使至以其使爲建威將軍以後蘇摩黎國斤陁利國婆黎國俱入貢矣梁武天監初天竺王屈多遣長史竺羅達奉表獻琉璃唾壺雜香吉貝等物魏宣武時南天竺遣使獻駿馬云其國出獅子貂豹獋橐駝犀象有火齊如雲母而紫色列之則薄如蟬翼積之則如紗縠之重沓有金剛似紫石英百練不消可以

切王餘玳瑁琅玕諸香器物不可勝紀多與大秦安息扶南交趾貿易往來盖西番之一大都會也隋煬帝遣使裴矩通西域諸國惟天竺佛菻不至爲恨唐武德中中國大亂天竺王尸羅逸多勒兵戰象不馳鞍士不釋甲因破四天竺皆北面臣之會唐浮屠玄奘至其國尸羅逸多召見曰而國有聖人出作秦王破陣樂試爲我言其爲人玄奘粗言太宗神武四夷賓服狀王喜曰我當東面朝之貞觀中遣使上書帝命騎尉梁懷璥持節慰撫尸羅逸多驚問國人自古亦有摩訶震旦使者至吾國乎皆曰無有摩訶震旦

者華言中國也王出迎膜拜受詔書戴之頂復遣使
者隨入朝獻火珠鬱金菩提樹頃之唐遣長史王言
策使其國會尸羅逸多死國人亂其臣阿羅那順自
立發兵拒言策時從騎纔數十戰敗皆沒言策挺身
奔吐蕃西鄙檄召諸鄰國兵吐蕃以兵千人來泥婆
羅以七千騎來言策部分進戰於茶鎛和羅城中天竺之城
濱河三日破之斬獲無算遂擒阿羅那順俘送闕下
擢言策朝散大夫得方士那羅邇娑娑寐自言壽
二百歲有不死術帝改館使治丹遣使者馳采怪藥
異石後術不驗竟死長安是時摩伽陁國獻波羅樹

小揭國獻方物烏荼國獻龍腦香天竺屬國多入貢天烏荼國者地方五千餘里人工禁術其國有神化人土蟒以濟饑渴又與孔雀啄滄泉以愈衆疾蓋神異之國也高宗時盧伽逸多者烏荼人亦以術進拜懷化大將軍自後天竺來使皆曰蕃夷以袍帶爲寵唐輒以金帶錦袍賜焉乾元末河隴陷没遂不至矣至周廣順初僧薩滿多復入貢名馬宋乾德後來獻不絕矣天竺之法國王歿太子襲位餘子皆出家爲僧不復居本國有曼殊室利者乃其王子隨中國僧至焉太祖令館于相國寺善持律都人傾嚮之財施

盈溢衆頗疾焉以其不解唐言即僞爲詔求還本國
詔下曼殊室利不得已附南海賈人而歸後不知所
終太平興國間益州僧光遠至天竺以其王沒徙曩
表來上表稱唐天子爲支那皇帝云自是後僧啓恒
羅僧法吉祥僧書稱等凡四來朝獻或貢梵書或貢
佛骨銅牙菩薩像宋皆賜以束帶紫方袍焉元太祖
西征滅回回國其王委奴遂進次西印度國遇大獸
高數十丈角如犀牛作人語曰此非帝世界宜速還
耶律楚材曰此名角端旄星之精靈異不可犯也遂班
師還我　朝有詔納樸兒亦印度之一也永樂中遣

太監侯顯等賫詔往諭之至其境國王一不剌金王遣金銀柱杖各二人奉迎引導柱杖者其國大臣名也至則其王拜詔叩謝甚恭及畢鋪絨毯於殿地待我天使宴我天兵燔炙牛羊禁不飲酒恐亂其性惟以薔薇露和香蜜水飲之宴畢復贈正使副使及諸官兵金銀盔甲瓶盆盞盔等物有差尋置金筒銀葉表文遣使隨顯等貢獻方物又有榜葛剌即西天東印度也永樂六年國王靄牙思丁遣人朝貢十二年王賽弗丁遣使貢麒麟禮部請上表賀　上曰卿等但當竭心輔治以惠天下天下既安雖無麒麟不害

爲治其兇賀以後二國久不通貢其地土廣人稠財
物豐衍市用銀錢海貝民好耕植一歲二收王居極
侈禮法森嚴男女皆黑男剃髮白布纏之身服從頭
套下下圍以帨女短衫下圍色布絲綿不施脂粉惟
嬌艷者生而白色耳垂寶鈿項挂瓔珞腕金鐲手足
戒指甚可觀也傳言先時人性獷悍以戰死爲吉利
以善終爲不祥至周老聃惡其殭暴出關化之作浮
法令其內外剪除不傷形體後卒托生爲佛仍修
老子之道以故至今俗甚淳美不相殺伐亦有文字
交易雖萬金亦價定量平略無怨悔賦有十二刑有

笞杖流徒陰陽醫卜藝技大類中國有一種人不食葷味夫死妻不再嫁夫不再娶若孤寡無倚一村之家輪養之不容別村求食其義氣如此亦有女人稱衏衏者粧服華麗入人家飲宴亦來侑觴口唱番曲對舞又有人曰根肖速嚕奈者葢優人也能作百戲弄伏虎日往人家索錢其山川古蹟則聖水能止風濤番人以琉璃乘之遇風酒之即止其產細布有五六樣貴賤不同兜羅錦闊四五尺厚五分背面毛毳絨番名藹黑藹勒白樹皮紙滑澤光潤如鹿皮然波羅蜜大如斗味佳奄摩勒香酸甚佳稍割牛角長四尺十日一割不割則死人飲其血壽五百歲牛壽如之龍腦香狀類雲母色如冰雪絲緜鑌鐵鎗剪極巧且利漆器磁器俱極精巧

焉耆

婆羅門

婆羅門即古師子國東晉時通馬天竺屬國也其地西海之中延袤二千餘里多出奇寶四時和適無夏冬之異五穀隨人所種不須時節其國舊無人止有鬼神有龍居之諸國商賈來共市易不見其形但珍寶明其所堪價商人依價取之諸國人聞其土樂因此競至或有停住者遂成大國晉安帝義熙初遣使獻玉佛像高四尺二寸五色潔潤形制殊特殆非人工歷晉宋代在建康瓦官寺其後宋元嘉梁大通唐

總章天寶間朝貢不絕獻有大珠鈿金寶纓等物宋淳化中闍婆國使來言其鄰國有婆羅門者其人善法察人情人欲相危害者皆先知之至大觀中婆羅門遣使來貢詔禮之如交趾及今我　朝永樂中遣使貢眞珠玳瑁瑪瑙車渠等物賜王及妃文綺其地負山面海念佛素食風俗土產大略與天竺同

論曰昔列子言西方有聖人由余言化人石佛霍去病得祭天金人漢哀時博士景盧口傳月氏人浮屠經佛之興其來久矣張騫西通身毒第言其地多暑濕乘象而戰畧未及奉浮屠事豈其未之察耶夫恒

星不見咎徵也而或以周莊之十年恒星不見爲佛生之始謬矣彼道家流乃謂周莊十年老子遣尹眞人喜乘月精白象下天竺於淨飯夫人口中託生爲佛蓋詆釋也釋氏亦謂摩訶迦葉下生世間號曰老子蓋詆道也而釋氏甚且詆聖言實歷菩薩生爲伏羲吉祥菩薩生爲女媧淨光童子生爲仲尼月明童子生爲顔淵茲愈不經之說矣大抵三代以前已有佛法故關市譏而不征特其名自漢明時始著其教自達摩西來始盛爾余因志天竺諸國事故敘及之以俟博識者考正焉

亦力把力

亦力把力漢龜茲也昔昭帝以扜彌太子名賴丹者爲校尉田輪臺輪臺與龜茲地相連也龜茲貴人姑翼與王謀共殺賴丹宣帝時常惠使烏孫還便宜發諸國兵攻龜茲執姑翼斬之語在惠傳會烏孫公主遣女至京師學鼓琴漢遣使樂奉送主女過龜茲龜茲王留不遣公主遂妻之元康初龜茲王絳賓與主女入朝自以爲漢外孫壻也漢厚賜之留一年遣歸後數來朝賀自是衣服宮室侍從周衛出入傳呼撞鍾鼓如漢家儀然時胡人皆曰驢非驢馬非馬若龜

茲王所謂贏也絳賓殁其子丞德自謂漢外孫成哀
閒往來尤數漢待之亦甚親密王莽時絕東漢初復
通以後或通或絕無常王矣魏文帝即位遣使貢獻
晉武初遣子入侍及惠懷之亂朝貢絕矣秦苻堅遣
將呂光伐西域至龜茲龜茲王白純載寶出奔光入
其城城有三重外城與長安城等室屋壯麗飾以琅
玕金玉光立白純弟白震爲王而歸白震之後惟周
保定初隋大業中遣使朝貢方物唐貞觀初其王蘇
伐疊獻馬太宗賜璽書撫慰之後臣西突厥郭孝恪
伐焉耆龜茲乃遣兵與焉耆影援太宗怒議討之是

夜月食昴詔曰月陰精用刑兆也昴胡分數且終乃遣將阿史倫杜尔及契苾何力郭孝恪等發鐵勒十三部兵十萬討之杜尔分五軍掠其北執焉耆王阿那支龜茲大恐王及酋長皆棄城走杜尔遣伊州刺史韓威擊破之王討窮保撥換城杜尔圍之閱月執王及其將羯獵相那利詣軍杜爾凡破五大城男女數萬遣使者諭降小城七百餘西域震懼乃立其弟葉護爲王勒石紀功而歸獻俘闕下太宗喜謂羣臣曰夫樂有紀朕嘗言之土城竹馬童兒樂也金翠羅紈婦人樂也貿遷有無商賈樂也高官厚秩士大夫

樂也戰無前敵將帥樂也四海寧一帝王樂也朕今樂矣遂徧觴之初孝恪之擊焉耆也龜茲有浮屠善數歎曰唐家終有西域不數年吾國亦亡果如其言太宗赦其王布失畢拜中郎將遣歸國頃之龜茲亂唐復破之以其地爲龜茲都督府更立布失畢子素稽爲王授都督職長壽初王孝傑破吐蕃復四鎭地置安西都護於龜茲以兵三萬鎭焉於是沙磧荒絶民供貲粮苦甚議者請棄之武后不聽都護以政績著者杜進田揚名郭元振張孝嵩云開元中王孝節遣弟孝義來朝獻遊仙枕枕之而寐則九州三島

皆在其中蓋奇物也以後未通宋自祥符至熙寧中入貢者凡九云其國王自稱師子王衣黃衣寶冠與宰相九人同治事紹聖三年遣使以表章獻玉佛至洮西熙河經略使以其罕通使請令於熙秦等州博買而估所齎物價答賜遣還從之元時名別失八里宣慰司領之我　朝洪武永樂間三入朝貢[illegible]誠至其國後歪思弑其國王納黑失只罕自立爲王號亦力把力宣德二年脫歡阿魯台歪思各遣人朝貢賜金幣加賜歪思金刀甲冑正統後來貢不絕其地逐水草住牧地寒深山大谷六月飛雪俗獷戾服

用汚穢上下無紀律性多淫置女帀收男子鐵以入官土多孔雀人取食之西北有大山有泉如膏流出成川行數里入地狀如餳餬甚臭服之齒落更生每元日鬭牛馬駞爲戲七日觀勝負以占一年豐馬之繁息衰耗其山川白山亦出硼砂金嶺嶺多雨雪熱海氣候常熱産犛牛氍毹白氎布銅鐵等物

論曰龜茲本西域城郭大國元時始以北虜居之故其習俗亦異如本志所載昔則土著今則遷移昔則侈麗今則汚穢何哉葢鳥㝢獸窟各安其性雖元竊據中原乎而衣皮飲血猶不能盡革夷風何怪亦力

把力之不若龜茲也

佛菻

佛菻唐書云即漢大秦國也一名犂軒武帝遣使至安息安息獻人二皆戚眉峭鼻亂髮拳鬢長四尺五寸是其國人也元封初大秦貢花蹄牛高六尺尾環繞其身角端有肉蹄如蓮花善走多力帝使輦銅石以起望仙宮足跡皆如花形自後遂絕其國在海西之西又名海西從條支西度海曲萬里去長安蓋四萬餘里地方萬里城四百勝兵百萬小國役屬者數十十里一亭三十里一堠路無盜賊但有猛虎獅子

爲害行者非羣則不得過其國其王都城廣八十里門高二十丈釦以黄金宮殿以瑟瑟爲柱水精琉璃爲梲異寶飾門香木梁黄金爲地無陶瓦白石壂屋堅潤如玉盛暑引水上流氣爲風有貴臣十二共治國事國有大災異輒廢王更立賢者亦無怨言其人長大平正頗類中國故謂之大秦或曰本中國人也有幻人能額上爲炎燼手中作江湖舉足而珠玉自墮開口則旛旄亂出有善醫能開腦取虫以愈目眚其王輒欲通漢而安息欲以漢繒帛與之交市故遮閡不得自達昔班超遣掾甘英使大秦臨大海欲度

而安息西界船人謂英曰海水廣大入海人往來皆賫三歲粮海中善使人思土戀慕數有死亡者英乃止及桓帝延嘉初大秦王安敦遣使自日南徼外來獻象牙犀角玳瑁始乃一通焉其所表貢並無珍異疑傳者隱之也至晉太康時復遣使貢獻唐貞觀中拂菻王波多力遣使獻赤玻瓈綠金精下詔答賚時大食稍強遣大將軍摩拽伐之拂菻約和遂臣屬焉乾封以後凡再來朝獻開元中因吐火羅大酋獻師子羚羊五代時無聞宋元豐時國王滅力伊靈改撒始遣其首領來獻鞍馬刀劍真珠言其地甚寒土屋

無瓦礫有箜篌壺琴小篳篥胡鼓皆國中樂器也王衣紅黃衣以金線織絲布或五色布纏頭貴臣冠服亦如之每歲三月則詣佛寺坐紅牀使人舁之元時其國人多居中國者我　朝洪武初遣其國故民捏古倫賫詔諭之尋遣使朝貢其俗不尚戰鬬鄰國小有爭但以文字相問大則加兵賦稅但以滔事小大爲差刑罰輕者杖數十重者至二百大罪則乘以布囊而投諸江其候時日懸大金秤以十二金丸係之每至一時金丸輒落毫髮無差鑄金銀錢無孔面鑿彌勒佛背爲王名禁民私造其　產五色玉青黃赤黑白俱有夜

光璧木難珠碧色木難鳥口中結沫所成降眞香燒之引鶴駭雞犀通天犀也以盛米雞啄之至輒驚去寶似狗獷惡多力封火雀似燕置火中火滅其雀無傷云因浴沙水受氣故然西錦柰祇花取油塗身可以去風千年棗阿勃參油宜塗癬疥大效價極貴肉汁酒地有蠟虫剖其肉重疊以石壓之瀝汁取外國州子釀於肉汁中經數日成酒飲之味佳龍種羊以羊臍種土中溉以水聞雷而生臍屬地中刀割必死俗擊鼓驚之臍斷便行嚙艸至秋可食臍內復有種爲奇

論曰大秦西域之沃土也唐書以爲佛菻似矣顧其國自漢歷唐貢獻不絕而宋史以爲自古不通中國考之　國朝佛菻風俗土產皆類宋史而與漢唐二書所載者大相懸絕何謬盭之甚耶或者唐之佛菻

即古大秦而宋與國朝之併菻與之名同而實異爾

蘇門答剌

蘇門答剌漢之條支唐之波斯大食皆其地也昔張騫通西域還爲武帝言條支在安息西海暑濕耕田田稻有鳥卵大如甕人衆甚多往往有小君長而安息役屬之以爲外國國人善眩安息長老傳聞條支有弱水西王母止日所入而未嘗見云以後漢使往來路至烏弋而止莫有至條支者章帝時國人來進異瑞有鳥名鵪鶥形高七尺解人言和帝時班超遣掾甘英使大秦抵條支臨大　渡不果乃還其後

條支故地爲波斯所據波斯　波斯匿王乃大月
氏别裔子孫以王父爲氏遂世爲國號前此未通至
元魏神龜中其國遣使上書貢物云大國天子天之
所生願日出處常爲漢中天子波斯國王居和多千
萬敬拜朝廷嘉納之自此至梁隋俱遣使貢而隋亦
遣使李昱至其國隋末西突厥葉護可汗討殘其國
而不能有唐貞觀中獻水珠行軍乏水置土中水自
出又獻活褥蛇狀類鼠色正青長八九寸能入穴取
鼠是時條支遺種亦來朝貢獻金麥銀米各數十斛
後波斯王爲大食所逐大食復攻之遣使告難高宗

以遠不可出師龍朔初又許爲大食所侵時天子遣使到西域分置州縣以疾陵城爲波斯都督府拜其王爲都督俄爲大食所滅雖咸亨天寶乾元間遣使入貢然其地盡入大食不過臣屬大食而已大食王者其先亦波斯人也當隋大業中波斯國人牧於俱紛摩地那山有獸言曰山西三穴有利兵黑石而白文得之者王其人往果得石以爲瑞乃糾合其衆剽略貲貨聚徒浸盛遂自立爲王據有波斯國之西境地多砂石不堪耕種無五穀惟食駝象等肉後破波斯佛菻及南侵婆羅門諸國粟麥倉庾於是遂

强地廣萬里勝兵至四十萬等四五十國皆往臣之其王嘗遣人乘船賫糧入海經涉八年未極西岸於海中見一方石石上有樹枝赤葉青樹上總生小兒長六七寸見人不語而笑手足皆動摘取入手即乾黑其使度粮之難極西界遂還持一枝見王此亦奇事也唐永徽初大食王瞰密莫末膩復遣使者朝貢自言王姓大食氏波斯國人得國凡三十四年傳二世矣開元初復遣使獻馬鈿帶謁見不拜曰國人止拜天無拜王也其俗曰五拜天故云有司切責之乃拜初大食族中有摩訶來者勇而智衆立爲王

闢地三千里號白衣大食傳十四世至末換殺兄伊疾而自立羣下怨其忍也將討之猶衆曰助我者皆黑衣俄而衆數萬即殺末換求故王孫阿蒲羅拔爲王更號黑衣大食遣使朝貢代宗取其兵平兩京者是也宋乾德初僧行勤遊西域因賜其王書以招懷之自是後終宋之世朝貢不絶貢物有揀香白龍腦白沙糖白越諾薔薇水琉璃瓶象牙賓鐵紅絲古貝五色雜花番錦乳香無名異膃肭臍龍鹽千年棗偏桃五味子駝毛褥錦襈番花簟金飾壽帶連環臂鈎等物宋帝賞賚輒準其所貢　初入貢路繇沙州

涉夏國抵秦州後輒爲西人　乃詔自今取海路
繇廣州至京師政和中橫州　士曹蔡蒙休押伴其使
入都沿道故滯留强市其香藥不償直事聞下詔獄
治詔自今蕃夷入貢竝選承務郎以上清强官押伴
按程而行無故不得過一日乞取買市者以自盜論
云我　朝洪武初國王遣使貢馬及方物永樂初國
王宰奴里阿必丁遣使朝貢封爲蘇門答剌王賜印
誥金幣既而國王與鄰國花面王戰敗死子幼有一
漁翁奮志領兵攻殺花面王遂妻故王妻自稱老王
而得其國遣使來貢無何故王之子長大陰與部目

謀殺漁翁復其故位而漁翁之嫡子蘇幹剌者逃居鄰谷自立爲王率衆復父之仇會太監鄭和至其國發兵擒獲蘇幹剌赴京伏誅王子感 上德意貢方物甚夥至今不絕其地大抵從泉州西北舟行順風大約百日可抵其國田磽谷少男白布纏頭腰圍摺布女推髻腰圍色布手巾其酋長人修一日之間必三變色或黑或赤或黄每歲必殺十餘人取血浴身云四時不生疾疹故民皆畏服焉王居以瑪瑙爲柱緑甘爲壁水晶爲瓦碌石爲磚 店石爲灰帷幕之屬悉百花錦官有丞相太尉馬高 士卒驍勇民居與

中土同技藝咸精番商往來有故臨國人黑如漆好爲寇盜中國人往大食者必自故臨易小舟而去有默伽國其先荒野大食有祖師蒲羅嘑徙居其地取妻生子曰司麻烟生時以足蹙地清泉湧出頃之遂成大井後泛海遇風波者以此水洒之無不頓止與天竺天方井同有那孤兒國即花面王國也國小僅比大村猱頭裸體如獸類然人皆黥面故名其屬國有勿斯里經八九十年始一見雨每二三年間必有老人自江中出國人拜問吉凶笑則豐稔愁則飢疫良久復入水中其塔頂有神鏡若他國兵至則先照見勿斯離有天生樹其果名曰蒲蘆可採食之次年復生名麻茶澤三年再生名沒石子吉慈尼地極寒春雪不消產雪蛆狀如瓠瓜

食之味美大治肉熟麻離拔貴人以金線桃花帛纏頭市用金銀錢黎伐國民僅二三千家語言動用與蘇門答剌同亦附蘇門答剌進貢白達地多珍寶人食酥酪餅肉白布纏頭兵强他國不敢侵犯其產美菜長六七尺偏桃其形偏肉苦難食惟子味佳尋枝瓜極大十人方可共啖一枚石榴重五六斤臭果長八九寸開之甚臭內有大酥白肉十四五片甜美可食酸子大如梨其朱香冽蒲桃大如雞子竹雞略煮便熟味美勝各處者鷲

鳥高四尺足似駱駝卵大如二升啖羊名馬馬與龍交所產胡羊尾大如扇春剖腹取其膏數十斤以藥線縫合之羊如故不割則死螺子黛寶也每顆價直千金龍涎香龍開則涎山國人以計取之和香極奇薔薇水灑衣經歲香氣不散爲奇

論曰蘇門答剌王日變三色取血浴身此島夷志所載也自條支既通波斯大食中國前史未嘗紀

有詼奇詭譎之事向色數更　類耶況俗奉浮屠
蓮持五誡殺人取血冥業安往第自古著稗史者非
收怪異不能膾炙人口惟是博覽之士無爲耳食則
可矣

咸賓錄西夷志卷之三　終

咸賓録西夷志卷之四

明豫章羅日褧尚之父著

于闐

于闐大國也去中國萬里張騫所窮河源一出于闐者是也光武末爲莎車王所幷後于闐王將休莫霸者反莎車自立爲于闐王休莫霸死兄子廣德立復滅莎車其國轉盛所從者十三國與鄯善並稱大國焉元嘉時于闐將輸棘等殺漢長史王敬漢欲討之不果于闐恃此遂驕晉太康中其國遣使貢古玉印上命緘而藏之至後魏時祖瑩所辨即此印也宋齊

未通後魏太武遣高涼王那討吐谷渾慕利延利延懼驅其部落渡流沙那軍急追之利延遂西入于闐殺其王死者甚衆顯祖末蠕蠕寇于闐于闐患之遣使素目伽上表請救公卿議于闐萬里蠕蠕性但野掠不能久頓攻城即遣師勢無及矣詔以此議諭使者遂止不發兵也先是魏遣使者韓羊皮使波斯道經于闐于闐中于王秋仁輒留之羊皮歸言狀魏復

皮責諭之自是朝獻不絕矣梁武天監始通江左遣使貢方物項之獻波羅婆步障獻琉璃罌獻刻玉佛蓋終梁之世凡四入貢馬周達德初獻名馬隋

大業中頻遣使朝貢時其王姓王氏字畀示錦帽金裝冠髮不令人見俗云見王髮年必儉也唐時其王尉遲氏名屋密本臣突厥貞觀初遣使入獻後三年遣子入侍阿史倫杜尔之平龜茲也其王伏闍信大懼使子獻橐它三百長史薛萬備謂杜尔曰今破龜茲西域皆震恐願借輕騎覊於闐王獻京師杜尔許之至于闐陳唐威靈勸入見天子伏闍信乃隨使者來會高宗立授右衛大將軍賜賚特厚留數月遣之請以子弟宿衛上元初身率子弟酋領七十人來朝從擊吐蕃有功唐以其地為毗沙都督府授伏闍

信都督卒凡五傳而尉遲勝立至德初以兵赴難因
請留宿衛唐以其弟葉護曜權知本國事項之進方
圓二美玉徑各五寸光可鑑髮上以示道士言解言
解曰此一龍玉一虎玉圓者龍也生於水中爲龍所
寶若投於水必有虹霓出焉方者虎也生於嵓谷爲
虎所寶若以虎毛拂之即紫光迸逸百獸懾伏上令
試之果驗詢問使者曰圓者得自漁人方者得自獵
國命藏之內府以後絕不復至矣及石晉時其
王李聖天自稱唐之宗屬遣使貢紅鹽鬱金玉氍毹
牛尾等物晉遣張鄴高居誨等入其國冊聖天爲太

寶于闐國王七年乃還五代史載有居誨記皆往來所見山川而未及聖天世次也宋建隆初聖天遣使貢圭一以玉爲匣玉枕一本國摩尼師貢琉璃瓶二胡錦一段後自乾德以至嘉祐間入貢者無慮數十遠不踰二歲近則一歲再至地産乳香來者輒負私與商賈牟利不售則歸諸外府得善價故其來益多故元豐初詔于闐除賫表及方物馬驢乃聽詣闕乳香以無用不許貢也元祐中以其使至無常令熙河間歲一聽至闕紹聖中游師雄言于闐大食拂菻等國貢奉般次踵至有司憚於供賫抑留邊方限二歲

一進此非所以來遠人也從之自是訖於宣和朝貢不絶先是太平興國中有澶州卒王貴者晝忽見使者至營急召貴偕行南至河橋驛馬已具即乘之俄覺騰空而去頃之駐馬但覺室宇宏麗使者引貴入見其王容衛制度悉如王者謂貴曰汝年五十八當往于闐國北通聖山取一異寶以奉皇帝宜深志之遂復乘馬凌空而旋軍中失貴已數日矣驗所乘即之馬也知州宋煦劾貴以聞太宗釋之天禧初貴自陳年已五十八願遵前戒西至于闐詔許之貴至秦州忽遇一道士引貴登高原令貴閉目頃復令

開視山川頓異道士曰此于闐非境通聖山也復引
貴觀池中有仙童出一物授之謂曰持此奉皇帝又
開目少頃復至秦州向之道士已失所在矣發其
物乃玉印也文曰國王趙萬永寶州貴歸以獻元時
內屬丞相伯顏至其國鑿井得一玉佛色如截肪照
之皆見筋骨脈絡如生佛然此皆一奇事也我朝
永樂二年頭目打魯哇亦不剌金遣使貢玉璞十二
年吏部陳誠至其國國王微弱鄰國交侵避居山谷
永樂以後西戎奉貢不相侵伐始得安息富饒桑麻
禾黍宛如中土土人機巧好歌舞紡績俗尚浮屠僧

尼乞多雖國王亦輒持齋戒相見輒跪稍知禮節尊卑凡人死者以火化之收骨具葬一塔各以長幼爲序以沙爲冢居喪者剪髮長四寸云佛見雁死於地以沙葬之胡人稱爲雁塔後佛涅槃循其故事亦以沙葬而立塔焉自高昌以西諸國人皆深目高鼻惟于闐貌不甚胡頗似華夏河源至于闐分爲三河曰白玉河黑玉河綠玉河皆出玉而色異每歲秋水涸時　撈玉於河國人始得撈玉其山川古蹟葱嶺贊摩寺即昔羅漢比丘比盧旃爲其王造覆盆浮圖之所石上有辟支佛趺處雙足猶存比摩寺是老子化胡成佛之所其產蒲萄酒胡錦花蕊布以花蕊織成者砂

積鼠韞肭臍見前芸輝香草也色白如玉入土不朽唐元載碎之以塗壁號芸輝堂五色玉爲異

論曰太史公云禹本紀言河出崑崙今自張騫使大夏之後也窮河源惡睹所謂崑崙山者乎益以証河出崑崙之謬也後儒不達遂神其論謂崑崙或言此崑崙非今大雪山環以弱水之淺甘州西北四十里有水環合黎山謂之弱水禹貢導弱水至於合黎即此諸書所載者弱水必非此水無疑繞以炎火之山去中國四十萬里是惟帝之下都神物生焉聖人神仙集焉其中金城玉樓碧堂瓊室西王母之所治也其虛談詭論不可勝紀蓋自山海經崑崙有神人面虎身之說起

云惟莫辨崑崙故河源歷代難究至元始祖使篤實
西窮河源始知其出於星宿海星宿海者在吐蕃朶
甘思之南地近百泓匯而爲澤登高望之若星宿然
直中國四川馬湖府之正西三千餘里雲南麗江府
之西北一千五百里自西而東合諸河水其流漸大
行二十餘日至大雪山即所謂崑崙山也繞山西南
折而東而北而西又繞崑崙之北又轉而東北二十
餘　歷雲中九原至大寧始入中國道今以禹貢參
考繹纂河圖及河源志一一皆合然則河水經崑崙
山非河源出崑崙山也太史公辨之當矣況其山亦

[illegible]嘗異哉彼不深究河源而誕稱崑崙以愚聾瞽著書何爲徒用污殺青矣

默德那

默德那即回回祖國也宣德中遣人隨天方來貢初國王謨罕驀德生而神靈臣服西域諸國尊爲別諳拔爾華言天聖也國中有佛經三十藏書兼篆艸楷隋開皇中國人撒哈八撒阿的幹葛始傳其教入中國其地接天方城池宮室田園市肆大類江淮間寒暑應候地宜五谷亦有陰陽星曆醫藥音樂諸技藝人不食豕肉諸非同類殺不食織文彫鏤器皿極精

巧土產貓睛祖母綠獅子梭甫撒哈剌西洋布押不盧藥名人少飲即死刀斧不入至三日投以別藥即活火失剌把都藥也形如木鼈子而小可治一百二十種疾爲奇

天方

天方古筠冲地一名天堂宣德五年太監鄭和等往各番國到古里差使諭天方國王王即遣使來貢方物幷畫天堂圖以獻其地風景融四時皆春田沃稻饒民安業人以馬乳拌飯故多肥美俗好善無科擾於民故無貧難無盜賊故自然淳化乃極樂之界也國內有禮拜寺寺分爲四方方各九十間皆白玉

爲狂黄玉爲地地中有黑石一片方丈餘云漢初天降也遍寺墻壁皆薔薇露龍涎香和水爲之馨香不絶上用皂紵絲爲蓋罩之畜二黑獅子守其中門每歲十二月十日各番回回人雖萬里之外亦來禮拜皆將所罩紵絲割取一方爲記而去割盡復換年年不絶貨物甚多日中不市至日落之後方爲夜市蓋其日色極熱故也其山川古蹟驀底城內有前國王墓墓頂日夜放光侵雲而起墓後一井名阿必糁水可止風與聖水同其產珍寶獅豹名馬八尺許駝雞羚羊艸上飛俱詳見後纏花樹其花一年二開長生不枯爲奇

祖法兒

祖法兒漢之大夏隋唐之吐火羅是也昔漢張騫至大夏言其俗土著無大君長兵弱畏戰善賈市其都曰藍市城及匈奴擊破大月氏王以王頭爲飲器其種人遂收餘衆過宛西擊大夏而臣之大夏遂臣屬月氏矣至隋唐時名吐火羅世次難考與嚈噠雜居勝兵十萬嚈噠者大月氏之遺種也大業中遣使朝貢唐初屬西突厥武德貞觀中俱入獻也高宗時獻大鳥高七尺色黑足類駱駝人可乘鼓翅而行三百里能噉鐵俗謂駝鳥顯慶中以其阿緩城爲月氏都督府析小城爲二十四州授王阿史那爲都督未

幾遣子入朝留宿衛俄又貢瑪瑙鐙樹高三尺開元天寶間數獻馬騾異藥乾阿陀婆羅二百品紅碧玻璃乃冊其君骨咄祿頡達度為吐火羅葉護挹怛王其後鄰胡羯師謀引吐蕃攻吐火羅於是葉護失里忙伽羅丐安西兵助討帝為出師破之乾元初與西域九國發兵為天子討賊肅宗詔隸朔方行營宋時未通我　朝永樂宣德中王亞里俱遣使朝貢國無城郭俗朴實尚回回教王以白細番布纏頭身穿青花細紬絹或金錦衣袍出入乘轎跨馬前後陳列象駝鼓吹氣候常熱市用金銀錢文如人形男拳髮穿長

衫女則以布兜頭面出見人亦不出露男多女少故兄弟通室婦人五夫則首戴五角十夫戴十角無兄弟者與他人結爲昆季然後得妻生子屬其長兄其民如遇禮拜寺日必先沐浴用薔薇露或沉香油塗其面更以新衣復以沉檀俺八兒香熏其衣體始往禮拜是日經過街市香氣旬日不散其山川則頗黎山有穴產神駒皆汗血其產福鹿周身俱白中有細青花如画者駝雞即駝鳥也中有肉鞍可乘夷人殺之以賣其肉名馬穴中產神馬爲奇

覽邦

覽邦漢跡勒國也明帝永平中龜茲王建攻殺跡勒

王成自以龜玆左侯兜題爲踈勒王漢遣班超刼縛兜題立成之兄子忠爲踈勒王忠後叛反超擊斬之耿恭爲戊巳校尉屯車師後王金滿城爲匈奴所攻恭引衆入踈勒城中乏水穿井十五丈不得水恭整衣冠向井拜拔刀刺山飛泉涌出賊遂退安帝元初中踈勒王安國以舅臣盤立爲王日以强盛數遣使貢獻靈帝建寧初爲季父和得所殺自立爲王其後遞相殺害漢不能復禁至後魏文成末其王遣使送釋迦牟尼佛袈裟一長二丈餘帝以其審是佛衣當有靈異命焚之置猛火上終日不燃其王戴金獅子

冠每歲嘗供送於突厥其都城方五里國內有大城
十二小城數十人手足皆六指産子非六指者即不
育勝兵有二千人地多沙磧少壤土俗尚詭詐生子
亦東頭取褊其人文身碧瞳王姓裴氏自號阿摩支
居迦師城突厥以女妻之隋大業中又遣使來唐貞
觀初遣使者獻名馬太宗謂房玄齡等曰曩之一天
下克勝四夷惟秦皇漢武耳朕提三尺劍定四海遠
夷率服不減二君者然彼末路不自保公等宜相輔
弼毋進諛言置朕於危亾也儀鳳時吐蕃破其國開
元中遣大理正喬夢松攝鴻臚少卿冊其君安定焉

疏勒王天寶十二年首領裴國良來朝授折衝都尉賜紫袍金魚宋時未通我　朝洪武九年國王昔里馬哈剌扎來貢永宣間輒附鄰國貢方物地多沙礫谷惟麻麥產無奇

哈烈

哈烈大國昔漢之大宛元魏之洛那隋之蘇對沙那及石國皆其地也昔漢武帝欲伐匈奴聞月氏與匈奴有隙欲通使月氏并力共滅之乃募能使者張騫以郎應募往月氏道經匈奴爲單于所得留十餘歲與妻有子後與其屬亾鄉月氏西走數日至大宛大

宛聞漢饒財乃遣使導送至月氏踰二年張騫還漢具爲武帝言大宛城郭兵衆及汗血馬其先天馬子也帝聞宛多善馬即遣使者持千金往宛以請宛善馬宛王以漢絕遠大兵不能致遂殺漢使泰初元年拜李廣利爲貳師將軍期至貳師取善馬率數萬人至其境攻郁城不下引還往來二歲至燉煌士卒存者十不過一二帝怒其不克使遮玉門不許入貳師因留屯燉煌又遣貳師率六萬人負私從者不與焉牛十萬馬三萬匹驢橐駞萬數天下騷然益發戍甲卒十八萬置居延休屠以衛酒泉貳師至宛宛人斬

王毋寡首獻馬漢軍取其善馬數十匹中馬以下牝牡三千匹而立宛貴人昧蔡爲王約歲獻馬遂採蒲萄苜蓿種而歸貳師再行往返凡四歲後漢明帝時宛獻汗血馬後魏洛那國數獻馬隋時名蘇對沙那國其王姓蘇色匿字底失盤佗而其北鄙爲石國亦故大宛地隋大業初遣使朝貢唐武德貞觀間數獻方物顯慶三年以瞰羯城爲大宛都督府授其王都督開元初封其君長爲石國王頃之其王上言今突厥已屬天可汗惟大食爲諸國患請討之天子不許天寶初封王子那俱車鼻施爲懷化王賜鐵券久之

安西節度使高仙芝劾其無藩臣禮請討之王約降仙芝遣使者護送至開遠門斬闕下於是西域皆怨王子奔大食乞兵攻怛邏斯城敗仙芝之軍自是臣大食寶應時遣使朝貢前史載其俗以蒲萄爲酒富人藏酒至萬餘石久者至數十年不敗其良馬有肉角數寸或有解人語及知音舞與鼓節相應者國城之東南立屋置座於中正月六日七月十五日以王父母燒餘之骨金甕盛之置于床上巡繞而行散以香花雜果王率臣下設祭焉禮終王與夫人出就別帳臣下以次列坐而饗宴宋時未通元時內屬我 朝

名哈烈一名黒魯元附馬帖木兒之子沙哈魯居其地國人稱爲速魯壇猶華言君王也洪武二十五年遣使詔諭永樂七年頭目麼賚等朝貢吏部陳誠會至其國正統二年指揮哈只等貢馬玉石其地城方十里居平川川廣百里四面大山王居東北山壘石爲屋屋若高臺無棟梁墻壁窗牖皆金碧琉璃門扉彫刻嵌骨角屋傍設絲綉帳房爲燕寢所金牀重裀民土房或氈帳以雨少故上下相與直呼名雖王亦然相見稍屈躬道撒力馬力一語握手或相抱爲禮致意於人則云撒籃少炊爨飯食就肆無匕箸無匜

朔時日年月男髡首衣尚白及喪反易青黑衣無棺槨人多善走日行三百里氣候常熱磁器及紈綺甚精巧過中國田多收穫宴會豐厚男女瀆亂無恥大抵西域城郭諸國哈烈俗最鄙陋然有學舍生徒講習經義好施予務農桑則又諸國所不及也隸國則有俺都淮八剌黑二國俱平曠無險地沃人繁物產有鎖伏花毯獅子水晶鹽酒杯藤花堅明可愛國人用以酌酒實如豆蔻香美鎖酒爲奇

古里以下俱西域小國無世系事迹可考第以其朝貢中國故詳錄之

古里乃西洋諸番之會去中國十萬里永樂元年王沙米的遣人朝貢五年遣太監鄭和賜王誥幣封爲

國王歷賞其將領有差王好浮屠族類分五種假牛糞爲囊佩之或塗肢體其風俗也尚信義行者讓路道不拾遺其美俗也海濱爲市通諸番國事皆決於二將領國人亦有南昆回回哲地革全木瓜五等與三佛齊同南昆爲王不食牛回回爲將領不食猪各從其俗其國王死不傳子而傳甥無甥則傳弟其辨盗眞僞辨訟曲直亦以手置沸油中試之算法以手足二十指會計毫髮無差其產小瓜大如小指長二寸味佳蝙蝠其大如鷹常于木鼈子樹上倒挂而歇黃牛人不食其肉死則埋之重三四百斤爲奇

溜山

溜山一名牒幹小國也洪武初國王遣人朝貢其地無城郭倚山聚居風俗淳美尚佛業漁男女體貌微黑男子白布纏頭下圍以帨婦人上穿短衣以帨圍頭止露其面以銀爲錢或用海𧴩其西有天生石門如城闕然中有八溜各有所主廣三千里云所謂弱水三千是也其人巢居穴處不識穀帛但食魚蝦以樹葉遮其前後爲衣商船倘遇逆風舟師不謹落入其溜其水漸無力而沈不復反矣溜山物產甚多惟龍涎香見前鮫魚一名溜魚切塊淡乾賣與他國絲嵌手巾細密絕勝他處織金手帕絕精富家男子以之纏頭每幅價可值銀五兩爲奇

阿丹

阿丹小國也永樂九年遣太監鄭和詔諭之賜命互市其王拜　詔待使禮俱甚恭隨遣使進金廂寶帶金冠鴉鶻諸寶石蛇角等物地近古里其俗國王金冠黃袍腰繫寶帶至禮佛則易細番布纏頭上加錦頂身服白袍其頭目冠服各有差男女服飾悉如滿山屋皆石壘交易有赤金錢紅銅錢以十二月爲一歲歲亦無閏每夜見新月即一月也其四時惟以花木榮謝定之自有推算毫髮無差國有馬步兵七八千鄰國畏之其產珊瑚樹薔薇露萬年棗大尾羊獅子

麒麟福鹿駝雞白雉寶石以上物產俱各見前為奇

南巫里

南巫里小國也洪武初遣使貢降眞香等物其地自蘇門答剌西風一日夜可至國民千餘家皆回回人王服飾略同阿丹宮室用大木高三四丈如樓樓上甚潔聽政寢食皆在其中下則畜牛羊等物矣民俗與蘇門答剌略同其山川帽山山下二三十餘各自稱王屬南巫里其產降眞香推此國者為佳黑珊瑚大如拇指其色如墨其潤如玉有椏枝婆娑可愛為奇

白松虎兒

白松虎兒舊名速麻里兒先時有白虎出松林中遇獸不食遇人不傷旬月餘不見父老云此西方白虎降精故更今名永樂中遣使十六人來貢山川古蹟物產無奇

阿速

阿速西海中爲稍大國也永樂中遣使百十二人朝貢其地多撒馬兒罕天方諸國人俗敬佛惡鬬涼暄適節人無饑寒夜無寇盜物產無奇

乞力麻兒

乞力麻兒永樂中遣使十二人朝貢其國山卑水淺

西南傍海東北林莽溪峪多猛獸毒蟲民不事耕稼喜射獵物產無奇

牒幹

牒幹在西海中永樂中國王亦速福遣使朝貢其地居皆囘囘人俗淳厚氣候常熱市用銀錢產龍涎香鮫魚織綵織金帨甚精

黑葛達

黑葛達小國也宣德中遣人朝貢其地土瘠民貧尚佛畏刑山川物產無奇

黑婁

黑婁小國也宣德七年朝貢其地近土魯番世相結好山川禽獸皆黑男女亦然故名

哈失哈力

哈失哈力一名阿力馬力宣德中來貢

阿哇

阿哇永樂中王昌吉剌遣使朝貢

麻林

麻林未詳其國所在永樂十三年王遣使貢麒麟厚賜之

加異勒

加異勒小國也永樂宣德間俱遣使朝貢其地民貧常傭鄰國物產無奇

敏眞誠

敏眞誠國稍大永樂中遣四十人朝貢俗日中爲市其產異香等物

八答黑商

八答黑商永樂間遣四十人貢織皮絨罽香木其國山川明秀俗尚佛西洋西域皆商販於此產無甚奇

火剌札

火剌札國弱產微四圍皆山山少艸木水無魚蝦俗

尚佛永樂中遣使朝貢

蘇文達那

蘇文達那洪武十四年國王殊旦麻勒兀達盼遣使來貢或云即蘇門答剌非也

失剌思

失剌思永樂間來貢時遣内外官以綺幣磁器市馬於撒馬兒罕失剌思諸國宣德中復朝貢

納失者罕

納失者罕永樂中遣使朝貢其地去失剌思數日程皆舟行海中國饒水艸故産馬多俗敬僧喜鬬物産

無奇

瑣里

瑣里小國也洪武五年國王卜納的遣馬牙茶嘉兒幹的亦剌丹八兒奉金字表來朝貢方物幷上其土地山川圖　詔優禮之賜大統曆金幣等物永樂元年復遣使朝貢俗同西域其地近西洋瑣里埶力微弱西洋瑣里輒侵辱之物產甚微惟有撒哈剌諸布其貢物雖有珍異然皆自鄰國貿易來者非本國所產也

西洋瑣里

西洋瑣里比瑣里爲差大洪武三年遣使以金葉表
朝貢賜遇甚厚永樂元年來貢　上令勿征其番貨
二十九年西洋十六國遣使一千二百人貢方物至
京師西洋瑣里貢獨豐美其産惟布爲佳
論曰西夷諸國或在嘉峪關外或居西海島中限以
沙磧阻以風濤殆天所以隔絕華夷也乃有漢武隋
煬好大之主張騫裴矩喜事之臣一言相契如水投
石遂致越海踰山遣使絕域來則賄結逆則兵臨於
是流沙以西弱水以東莫不獻奇納質凡珠玉錦罽
珍果異香之屬充於後宮獅象駝駿猛獒火雞之羣

實於外國貢琛之盛古罕聞焉然而賂遺師旅供億莫貲一人來享其奉萬姓先罹其毒用是漢遂虛耗而隋祚亦斬焉豈非作無益以害有益之明監乎唐太宗英武蓋世威服諸夷卒之吐蕃作逆四鎮失守西夷亦自此輕唐矣宋朝微弱封域以內且不能保即遠人有貪賄而來者曷足為宋重也元雖列置郡縣徒虛名爾惟我 皇朝文命誕敷西戎即序日月所入罔不率俾朝貢之國無慮百餘既無設官立鎮之勞又無興師遣使之費如祖法見以下諸夷多有自古未通者試與前代較德量力豈可同日語耶書

曰無有遠邇畢獻方物又曰不寶異物則遠人格其
殆今日之謂矣

咸賓錄西夷志卷之四終

咸賓錄西夷志卷之五

明豫章羅曰褧尚之父著

吐蕃

吐蕃凡百餘種古曰西戎又曰西羌其先出自三苗國近南岳今荆楚溪洞中往往有竊發爲亂者詢之多爲苗姓大抵其遺種也舜時徙三苗於三危山三危去肅州數百里南接蜀漢徼外蠻夷西北接高昌諸國俗子妻母弟納嫂故國無鰥寡種類繁熾昔成湯伐畎夷武丁伐鬼方季歷伐西洛余無始呼翳徒諸戎在文王時戎狄賓服武王時羌髳率師會於牧

野宣王時戎殺秦仲秦莊公破之幽王時申侯與戎共攻殺王秦襄公伐之戎所從來久矣及平王遷都洛邑避犬戎難於是戎逼諸夏自隴山以東及乎伊洛往往戎夏雜居焉故有狄獂戎邽冀戎義渠戎大荔戎驪戎陸渾戎陰戎蠻氏戎伊洛間有楊拒泉皐戎春秋時間在中國與諸夏盟會邽冀戎魯莊公滅之驪戎晉獻公滅之是時伊洛戎强侵曹魯入王城秦晉伐之後二年復與襄王弟叔帶謀伐襄王齊桓公使管仲平之嗣後秦晉楚趙强盛穆公得由余而霸西戎悼公使魏絳和諸戎蠻氏從楚陸渾伊洛陰

戎事晉趙滅北夷秦滅大荔戎其遺脫者皆逃走西踰汧隴於是中國無戎寇惟餘義渠種焉義渠勢力强悍築城稱王秦輒爲其敗困秦昭王時義渠王朝秦因與昭王母宣太后通生二子後宣太后誘殺義渠王因起兵滅之始置隴西北地上郡焉至兩漢時而西戎之種復盛先是戎人有爰劒者不知其出自何戎（或云舜封少子於戎地此其遺裔非三苗種也）秦厲公時執爰劒爲奴隷後亾歸偶與劓女遇於野遂爲夫婦女耻其狀被髮覆其面羌人因以爲俗相與亾入賜支河湟間諸羌推以爲豪於是教羌田畜種人依附者日衆爰劒

歿四世有曰忍曰舞曰卯者竝多納婦子各十餘各自爲種自是苗裔漸熾至有百五十餘種或在賜支河西或在蜀漢徼北其名號難以盡述也而中惟燒當先零鍾羌參狼爲最强餘種特依之爲寇而已燒當者忍第十四世孫也最豪健故其子孫世以燒當爲種號云後始皇築長城及漢武築令居塞置張掖古匈奴昆邪王地漢置張掖郡今爲甘州衛酒泉古月支地漢置郡今爲肅州衛燉煌古瓜州地漢置燉煌郡唐分爲瓜沙二州元失瓜州置沙州路本朝初置沙州衛正統中徙其衆于內地但名存而已武威古匈奴休屠王地漢置武威郡宋爲西涼府今涼州衛四郡隔絕羌胡於是西垂得安而終燒當之身及其玄孫滇良累世服

從獨先零結諸羌數數爲寇抄不絶迨趙充國降先零爲奉世降彡姐等羌四夷賓服者數十年王莽篡位羌復入寇至附隗囂與漢相拒矣建武中來歙馬援等破降之徙置天水隴西扶風三郡中元初燒當羌滇吾與弟滇岸寇隴西塞滇吾者滇良子也輒詩之不能克至永平初竇固馬武等大破之無何滇岸滇吾降詣闕獻見而滇吾子東吾東吾子東號東號于麻奴俱入居安定世世奉約束如故獨東吾諸弟迷吾號吾等結諸羌數數爲寇頃之或降或滅勢亦未至甚猖獗也至永初中諸降羌苦于豪吏徭役故

麻奴逃出塞而諸亡羌轉相嘯聚遂附滇零鍾羌諸種大肆寇掠揭木爲兵負柴爲械轂馬揚埃郡縣畏懦不能制更招集參狼上郡西河諸種東犯趙魏南入益州遂寇三輔斷隴道破郡縣滇零自稱天子於北地雖鄧騭任尚任仁段禧段崇等討之漢兵輒挫殺掠大慘自西戎作逆未有陵斥上國若斯其熾也及滇零死子零昌立年幼小而同種狼莫爲其計策輒入寇我輒討之無功而任尚用虞詡計輕騎擊之又張喬招誘叛羌稍稍詣降時効功種名號封者刺殺零昌封王全無種名雖何者刺殺狼莫封侯而號

多與當煎勒姐共脅諸種寇掠巴漢者賴程信拜板
楯蠻兵擊破之於是諸羌瓦解三輔益州無復寇儆
矣迨永寧以後諸羌復結麻奴入寇而鍾羌又數反
頃之皆降馬賢之功居多及馬賢戰沒東西羌復大
合而燒當先零沈氏牢姐諸種相繼入寇頃之或降
或滅段熲之功居多自是厥後其種號世次莫可得
而考矣至西晉懷帝時有赤亭羌姚弋仲者乃爰劍
之苗裔也東徙榆眉戎夏襁負從之者數萬而子襄
及萇俱豪邁多勇略弋仲病謂其子襄曰中原無主
我死你亟自歸於晉無爲不義也及卒而襄遂率衆

來歸詔屯譙城會殷浩惡其强盛屢遣刺客刺之不諧又潛遣魏憬襲襄不克襄心銜之未發也無何浩伐秦以襄爲前驅襄僞遯伏甲邀之反攻浩於山桑浩大敗歸免爲庶人復以桓溫督諸軍討襄襄連戰敗退奔平陽招納叛民輒有圖關中之志秦遣兵攻擊斬襄襄弟萇以衆降秦先是燕慕容暐降秦秦遷暐并鮮卑衆四萬餘戶於長安及慕容泓起兵收集鮮卑衆其勢遂盛秦遣苻叡擊泓以姚萇爲司馬佐之萇諫叡曰鮮卑皆有思歸之志故起而爲亂宜驅令出關不可遏也叡勿從果敗歿堅大怒欲殺萇萇

遂奔渭北糾扇羌豪五萬餘家推萇爲盟主萇自稱爲秦王羌胡降者十餘萬會秦苻堅攻西燕敗奔五將山萇遣人縊殺之遂取長安稱帝號而勢赫然盛矣萇卒子興立興卒子泓立泓爲人孱弱無祖父風劉裕遣王鎮惡討之不戰而潰遂降裕至長安送泓詣建康斬之而姚秦氏亡在魏晉初西羌之地爲東胡吐谷渾所併語具兀良哈志中至隋吐谷渾衰時西羌地有党項有大羊同有鄧至有宕昌有悉立有章求拔有泥婆羅有蘇毗有白蘭有吐蕃惟党項吐蕃爲大唐初諸種盡爲吐蕃所併其地皆屬吐蕃矣

吐蕃者祖曰鶻提勃悉野未詳何種或曰南涼禿髮利鹿孤之後二子曰樊尼曰傉檀傉檀嗣爲乞佛熾盤所滅樊尼挈殘部臣沮渠蒙遜以爲臨松太守蒙遜滅樊尼率兵西濟河逾積石遂撫有羣羌云其俗謂彊雄曰贊丈夫曰普故號君長曰贊普贊普不知幾傳而至弄贊亦名棄蘇農亦號弗夜氏其爲人慷慨才雄常驅野馬犂牛馳刺之以爲樂西域諸國共臣之

太宗貞觀八年始遣使者來朝帝遣行人馮德遐下書臨撫弄贊聞突厥吐谷渾竝得尚公主乃遣使齎幣求婚帝不許使者還妄語曰天子遇我厚幾得公

主會吐谷渾王入朝遂不許殆有以間我乎弄贊怒
率羊同共擊吐谷渾吐谷渾不能亢走青海之陰盡
取其貲畜又攻党項白蘭羌破之勒兵二十萬入寇
松州命使者貢金甲且言迎公主謂左右曰公主不
至我且深入都督韓威輕出覘賊反爲所敗屬羌大
擾皆叛以應唐乃遣侯君集執失思力牛進達劉蘭
等四道出兵討之斬首千級弄贊始懼引而去以使
者來謝罪固請婚許之遣大論薛祿東贊獻黃金五
千兩它寶稱是以爲聘十五年妻以宗女封文成公
主詔江夏王道宗持節護送弄贊率兵次栢海親迎

見道宗執婿禮恭甚見中國服飾之美縮縮媿沮歸
國自以其先未有昏帝女者乃爲公主築一城以夸
後世遂立宮室以居公主惡國人赭面弄贊下令國
中禁之遣諸豪子弟入國學習詩書又請儒者典書
疏永徽初弄贊死無子立其孫幼不事故祿東贊相
其國頁之破吐谷渾莫容諾曷鉢與弘化公主引殘
落走涼州踰年祿東贊死其子曰欽陵曰贊婆曰悉
多曰勃論祿兄弟竝當國自是歲入寇盡破有諸羌
羈縻十二州復入羈縻十八州率于闐取龜茲撥換
城於是安西四鎮竝廢詔遣將薛仁貴阿史那道眞

[illegible]詔討吐蕃并護吐谷渾還國師凡十餘萬至大非
川爲欽陵所拒王師敗績遂滅吐谷渾而盡有其地
高宗上元初遣大臣論吐羅渾彌來請和且求與吐
谷渾修好帝不聽明年攻鄯廓河芳疊扶六州唐遣
將李敬玄李孝逸劉審禮等擊之皆無功黑齒常之
率死士五百夜斧其營虜驚自相轔藉而死者甚衆
乃引去儀鳳初大首領贊婆素和貴率兵三萬攻河
源屯良非川敬玄與戰湟川敗績黑齒常之以精騎
三千夜擣其營贊婆懼引去遂擢常之爲河源經略
大使乃嚴烽邏開屯田虜謀稍折初劍南度茂州之

西築安戎城以迮其鄙俄爲生羌導虜取之以守因幷西洱河諸蠻盡臣羊同党項諸羌其地東與松茂嶲接南極婆羅門西取四鎮北抵突厥幅圓餘萬里漢魏諸城所無也則天時遣韋待價閻溫古討之兵逗遛坐死復遣岑長倩往無功則天怒明年詔王孝傑唐休璟阿史那忠節大發兵擊吐蕃破其衆復取四鎮更置安西都護府於龜茲以兵鎮守未幾合突厥兵南侵王孝傑敗死之明年攻臨洮又攻涼州殺都督遣使者請和約罷四鎮兵求分十姓地武后詔通泉尉郭元振往使道與欽陵遇元振曰東贊事朝

叟嘗好無窮今猥自絕歲擾邊父通之子絕之孝乎父事之子叛之忠乎欽陵曰然然天子許和得罷二國戍使十姓突厥四鎮各建君長俾其國自守若何使使者固請元振固言不可許后從之欽陵專國久常居中制事諸弟皆領方面兵而贊婆專東境幾三十年爲邊患兄弟皆才略沈雄衆憚之贊普器弩悉弄既長欲自得國漸不平乃與大臣論巖等圖去之欽陵方提兵居外贊普託言獵即勒兵執其親黨二千餘人殺之發使者召欽陵贊婆欽陵不受命贊普自討之未戰欽陵兵潰乃自殺左右殉而死者百餘

人贊婆遂率衆降唐封以王爵未幾贊普死諸子爭立國人立棄隸蹜贊爲贊普始七歲其大臣數遣使求婚中宗不得已乃以雍王守禮女爲金城公主妻之遣楊矩持節送即拜矩鄯州都督吐蕃外雖和而陰銜怒即厚餉矩請河西九曲爲公主湯沐矩表與其地九曲者水甘草良宜畜牧近與唐接自是虜益張雄易入寇開元初其相坌達延將兵十萬寇臨洮入攻蘭渭掠監馬楊矩懼自殺玄宗遣薛訥王晙等并力擊之斬首萬七千級虜大敗衆奔突不能去相枕藉死洮水爲不流詔紫微舍人倪若水按軍

戰功且予祭戰亡士敕州縣幷瘞吐蕃露胔贊普乃
金城公主俱遣使上書請盟修好帝謂自巳和親有
成尋前盟可矣不許復誓禮其使而遣且厚賜贊普
自是歲朝貢不輒犯邊久之隴右節度使王君㚟襲
擊吐蕃遂復啓釁攻甘州入陷瓜州毀其城執刺史
田元獻會君㚟爲回紇所殺乃以蕭嵩爲河西節度克
平瓜州復城之時張守珪張志亮杜賓客等戰皆有
功多所斬獲贊普懼遣使請和皇甫惟明亦勸帝約
和從之敕惟明及中人張元方往聘以書賜公主惟
明見贊普言天子意贊普大喜因悉出貞觀以來書

詔示惟明厚饋遣使名悉臘隨使者入朝於是崔希逸爲河西節度使鎮涼州故時疆畔皆樹壁守捉希逸謂虜戍將乞力徐曰兩國約好而守備不廢云何請皆罷以便人乞力徐曰公忠誠無不可恐朝廷未皆信脫掩吾不備其可悔希逸固邀乃許即共刑白犬盟而後悉撤障壁虜畜牧被野明年傔史孫誨奏事妄言虜無備可取也帝采之詔內豎趙惠琮同往按狀二人欲徼倖至涼州因共矯詔希逸發兵襲破吐蕃青海上斬獲不貲乞力徐遁去吐蕃恚不朝大入河西希逸拒破之鄯州都督杜希望又拔新城更

號威戎軍頃之節度兼瓊拔安戎城更號平戎城而吐蕃攻維州不得志攻承風保藏希鏡破之襲廓州攻振武軍皇甫惟明哥舒翰等破之虜勢稍却明年贊普乞黎蘇籠臘贊死子挲悉籠臘贊嗣遣使者修好詔京兆少尹崔光遠持節齎册弔祠還時安禄山亂哥舒翰悉河隴兵東守潼關而諸將各以其所鎮兵討難始號行營邊候空虛故吐蕃得乘隙暴掠至德初取巂州及威武等諸城入屯石堡其明年取廓霸岷等州及河源莫門軍使數來請和帝雖審其譎姑務紓患乃詔宰相郭子儀蕭華裴遵慶等與盟寶

應初陷臨洮取秦成渭等州明年入大震關取蘭河
鄯洮等州於是隴右地盡亾進圍涇州入之降刺史
高暉又破邠州入奉天副元帥郭子儀禦之吐蕃以
吐谷渾党項兵二十萬東略武功渭北行營將呂日
將戰盩厔西破之又戰終南日將丞代宗幸陝虜入
長安衣冠皆南奔上至陝因望鐵牛蹶然曰朕幼時
宫中有尼言事頗驗慶撫吾背曰天下有災過牛方
廻今見牛朕可廻也是月光祿卿殷仲卿率千人壁
藍田選二百騎渡滻或詒虜曰郭令公軍且來吐蕃
大震會少將王甫與惡少年伐鼓譟苑中虜驚夜引

去子儀入長安高暉東奔至潼關守將李日越殺之吐蕃留京師十五日乃去天子還京會僕固懷恩反自靈武遣其將范志誠任敷合吐蕃吐谷渾兵攻邠州白孝德郭希嬰壘守乃入居奉天郭晞攻之吐蕃引去圍涼州河西節度使楊志烈不能守跳保甘州而涼州亡是時兵馬使渾日進屯奉天吐蕃逼奉天日進以單騎馳之士二百踵進左右擊刺射皆應弦仆虜大驚辟易日進挾虜一將躍出舉軍望而譟士還無一矢著身者明日虜薄城日進發機石勁弩故兵多死凡三日虜斂軍入壁日進知虜曲折即夜斫

其營斬千餘級生擒五百又戰馬嵬凡七日破賊萬
人斬首五千獲馬橐駝幟械甚衆會懷恩死虜謀無
主遂與回紇爭長回紇怒詣子儀請擊吐蕃自效子
儀許之使白元光合兵攻吐蕃於靈臺西大破之降
僕固名臣帝乃班師自是數寇靈邠涇隴黎雅諸州
唐將馬璘白元光郭子儀輒攻破之吐蕃皆不得志
而還及德宗即位以歲與虜確以獲相償欲以德綏
懷之遣太常少卿韋倫持節歸其俘五百口給衣褚
切敕邊吏護亭障無輒侵虜地吐蕃始聞來信使者
入境乃皆感畏是時乞力贊爲贊普尚結贊爲相即

發使者隨倫入朝相與結盟境上云朱泚之亂渾瑊用論莽羅兵破泚將韓旻於武亭中初與虜約得長安以涇靈四州畀之會大疫虜輒引去及泚平責先約求地天子薄其勞第賜詔書償結贊莽羅等帛萬匹於是虜以為怨貞元初詔趙建往使而虜已犯涇隴邠寧掠人畜敗田稼復攻鹽夏刺史杜彥光拓拔乾暉不能守悉其眾南奔虜遂有其地天子以邊人殘没下詔避正殿痛自咎詔駱元光經略鹽夏結贊復來請盟唐使渾瑊及兵尚崔漢衡往虜計以伏兵擒瑊瑊遁去漢衡等六十人皆被執虜戍鹽夏涉春

疫大興皆思歸乃火其廬舍頹郛堞而去結贊歸漢衡等而却其使結贊乃以兵犯鳳翔入寶雞焚掠而去又剽汧陽華亭掠男女牛羊率萬計涇隴邠之民蕩然盡矣諸將會不能得一俘但賀賊出塞而已自是數寇涇邠寧慶鄜麟等州韋皐輒大破之西南少安不三年盡得嶲州地而虜特小小爲寇不絶是時可黎可足贊普立幾三十年病不事委任大臣故不能抗中國邊候晏然死以弟達磨嗣達磨嗜酒好畋獵喜內且凶愎少恩政益亂開成初遣使太子詹事李景儒往使論集熱來朝獻玉器羊馬自是國中地

震烈水泉湧岷山崩洮水逆流三日鼠食稼人饑疫死者相枕籍鄯廓間夜聞鼙鼓聲人相驚會昌中贊普死無子以妃綝氏子乞離胡爲贊普其落門川討擊使尚恐熱叛吐蕃部多歸之贊普不能制唐乘隙遂得收復故地於是鳳翔節度使李泚復清水涇原節度康季榮復原州取石門等六關靈武節度使李欽取安樂州詔爲威州邠寧節度使張欽緒復蕭關收秦州山南西道節度使鄭涯收扶州羣臣奏言王者建功立業必有以光表於世者今不勤一卒血一刃而河湟自歸請上天子尊號詔上順憲二廟謚號

夸顯後世明年沙州首領張義潮奉瓜沙伊甘肅等十一州地圖以獻唐擢義潮沙州節度使河渭州虜守將尚延心亦獻欵擢河渭等州都游奕使未幾恐熱爲僕固戰敗斬之傳首京師唐末中原多故甘州幷於回鶻歸義諸城沒於嗢末而唐亦不能守也然吐蕃亦自此衰弱族類分散無復統一矣自儀渭涇原環慶及鎮戎秦州暨于靈夏皆有之各有首領內屬者謂之熟戶餘謂之生戶涼州雖爲所隔然其地自置牧守或請命於中朝五代時其首領朝獻不絕宋時部落甚衆而中惟潘羅支李立遵唃厮囉最爲

雄傑勝兵六七萬潘羅支者西涼府六谷都首領也咸平初知鎮龍軍李繼和言羅支願戮力討夏國李繼遷請授以刺史從之羅支貢馬五千匹未幾繼遷入西涼府知州丁惟清陷沒羅支率衆擊之繼遷大敗中流矢死詔封羅支武威郡王而以其弟廝鐸督爲鹽州防禦使入貢不絕唃廝羅者贊普之後也而宗哥部李立遵爲論逋佐之論逋猶華言相也二人甚有威名諸部畏之祥符中入貢請討平夏以自效宋以戎人多詐勿許也頃之夏主元昊强侵畧廝羅界地廝羅知衆寡不敵堅壁不出險間得元昊已渡

河摽幟志其淺乃潛使人移植深處以誤元昊及大戰元昊潰而歸士視幟渡溺死十八九鹵獲甚衆自是數以奇計敗元昊元昊遂不敢窺其境及元昊取西涼府羅支舊部多歸廝羅又得回紇種人數萬徙居鄯州地今西寧衛漢金城郡破羌縣地通青海高昌國蕃商皆趍鄯州以故日益富强然亦受宋朝官爵治平初廝羅死少子董氊立母曰喬氏而廝羅別有二妻皆李立遵女也生子曰瞎氊曰磨氊角立遵死李氏寵衰斥爲尼錮其二子母族李巴全竊載其子奔宗哥磨氊角遂撫有其衆瞎氊逃居龕谷亦據其地於是角氏地分

爲三而董氊最强俱歲入貢宋皆授以刺史二人舉[illegible]
董氊從宋討夏有功進封武威郡王後夏人欲與之
通好董氊拒之且整兵以待神宗聞而嘉焉元祐初
董氊卒于阿里骨嗣本于闐人少從其母給事董氊
養爲己子阿里骨死子瞎征嗣頃之宋王贍取邈川
青唐置湟鄯二州瞎征來歸國人遂共立隴㧞爲主

隴㧞者乃瞎氊之孫木征之子角氏嫡支也夏人助
之攻破青唐據之宋遂幷棄邈川而以隴㧞爲河西
軍節度使封武威郡公世世襲職而加瞎征檢校太
傅懷遠軍節度使崇寧中王厚復湟鄯二州遂建熙

河一道郡縣而置之功雖訖成邊患不息後金人取熙河復求唃氏子孫立之及元滅金盡并吐蕃之地置爲郡縣而以吐蕃僧八思巴爲大寶法王帝師領之相承不絕至 我朝洪武六年令吐蕃諸酋舉故官授職以攝帝師置都指揮使同知宣慰使元帥招討等官以其地爲烏思藏等都指揮使司三朶甘等宣慰司三朶甘思等招討司六沙兒可等萬戶府六剌宗等千戶所十七自是番僧有封贊善闡教大乘大寶王者俱賜印誥令比歲或間歲朝貢諸王嗣封賜誥袈裟僧帽數珠鈴杵其在西寧黃河北者自四

川入在岷州黃河南者自陝西入凡陝西諸番畏宋將軍郎宋晟也洪永間久鎮西垂積功封西寧侯四川諸番敬信丁大夫乃丁玉也國初爲御史大夫出鎮四川最久威惠竝行夷民安輯而　朝廷又設茶馬司數以茶馬互市羈縻之以故朝貢不絕西鄙稍寧天順間西番酋把沙作亂命總兵衛溼僉都吳琛等討之溼等率諸衛兵三萬餘人分五路以進追至駱駝山俘斬二千餘人獲畜產無算成化中西番滿松反侵內地馬文升討平之及正德時邊防大弛北虜小王子太師亦卜剌殺其主長子阿爾倫遯居西

海吞食諸番勢漸吞併識者慮其交通緬勾猖獗如前代先零吐蕃故事十年調朔方勁兵勦虜避丞松潘旋歸故巢費以萬計竟無成功至嘉靖初數乘虛深入虜人畜焚廬舍殺掠大慘臨洮鞏昌騷動賴尚書王瓊區處遣都督劉文游擊彭成等進兵且撫且勦稍得安寧其俗地薄氣寒風俗朴魯然法令嚴整上下一心議事自下起因人所利而行之故能持久其國君贊普有城郭而不處聯毳帳以居號大拂廬部人處小拂廬贊普與其臣歲一小盟三歲一大盟其君臣自爲友者五六人號曰共命君死皆自殺以

狥其吏治無文字刻木結繩爲約其刑雖小罪必抶月刖鼻其樂吹螺擊鼓其四時以麥熟爲歲首其官之章飾最上瑟瑟金次之金塗銀又次之銅最下差大小綴臂前以辨貴賤養牛馬取乳酪供食取毛爲褐衣率氊韋以赭塗面婦人辮髮而縈之俗重浮屠政事必以桑門參決貴壯賤弱重兵死以累世戰没者爲甲門敗懦者垂狐尾於首以示辱懷恩惠重財貨交易用罽毯馬牛不知醫藥疾病召巫覡焚柴聲鼓謂之逐鬼信詛呪或以決事訟有疑使詛之喜啖生物無蔬茹醯醬民獷而好鬭其譯語呼天爲難地

爲薩日爲你麻月爲老瓦其山川崑崙山番名亦耳麻不剌山一名大雪山雪經夏不消故名可跋海東南流至雪山南合西洱河號漾備水又東南出會川爲瀘水黃河析支湟水爲大物產甚多惟犛牛腹肘下皆有赤毛長尺尾大如斗羱羊重者數百斤其角甚大草上飛獸名形大如犬渾身似玳瑁斑猫様性絅不惡若獅豹等猛獸等見之即伏於地乃獸之王也骨篤犀色如淡碧玉稍有黃抈之聲清如玉嗅之有香能消毒并辨諸毒藥一名碧犀價高金剛鑽狀如紫石英生水底盤石上如鍾乳以鐵鎚之不傷火燃之不毀以羚羊角扣之即碎可以切玉馬價珠青色一枚價與名馬價等故名銅佛烏思藏者爲上天鼠皮可爲裘氆氌五色如氈沙棠樹色黃實赤食之使人不溺其木可以爲舟黑驢日行千里善聞虎一跡而虎斃爲奇

論曰西戎爲患自三代已然矣葢其散處河湟地近

關中故敢輒肆猖獗是體膚之患也然猶狗偷之謀也及先零當煎作虐而趙充國馬援從之三輔內地如養虎自貽害者用是永初以後爲禍最烈是肘腋之患也然猶烏合之衆也迨姚秦氏與竊據中原僭然南面百官制度與中國同是腹心之患也然猶蝸角之勢也洎乎唐初號曰吐蕃幅員萬里上下一心殺戮吏民攻陷城邑甚且驅逐天子廢置官僚雖唐納幣結婚莫厭其欲盟血未乾而寇馬已臨矣自非郭子儀諸將威力唐之社稷不亦危乎五代以後內相殘賊各分部落宋元乘其衰弱收復故地稍得安

寧此何以故也蓋西番之勢譬之夾河水然分之則其勢微合之則浩蕩而不可遏我　聖祖見及此也故登極未幾旋置烏思藏等司裂其地而封之爵其人而官之復置茶馬司互市而羈縻之以故二百年來西戎即序自三代漢唐未之有矣顧今日所當防者不在吐蕃而在亦卜剌也蓋自亦卜剌之西竄也其跋扈者數矣第其勢弱而易制尤可無虞儻一旦部衆彊盛近結吐蕃遠結韃靼未必不爲彊埸擾者昔哈密地空議者欲徙亦卜剌以實之斷其北虜西蕃之交此良策也今不可以他徙乎夫蔥嶺之條久

而蔽日螻蟻之穴久而決堤防危於安圖著於微則
制蕃者當慮之矣

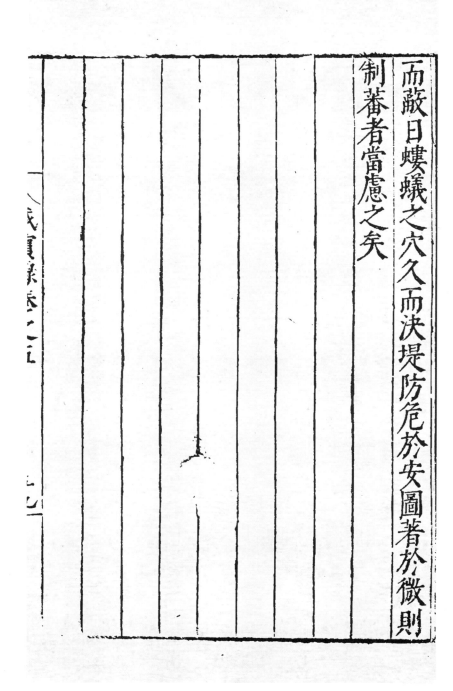

咸賓録南夷志卷之十六

明豫章羅曰褧尚之父著

安南

安南堯典所謂申命羲叔居南交是也秦幷六國略定楊越置桂林南海象郡以適徙民與越雜處迨乎秦滅南海龍川令趙佗即擊幷桂林象郡自稱南越武王象郡即今安南地也漢高立遣使陸賈封佗爲南越王使和輯百越毋爲邊害及呂后禁越關市鐵器於是佗乃自尊號南武帝發兵攻長沙邊敗數縣復以兵威財物賂遺閩越西甌駱役屬焉東西萬餘

里乃乘黃屋左纛稱制與中國侔文帝即位復遣陸
賈往諭之南越王恐乃頓首謝去帝制黃屋左纛因
爲書稱蠻夷大長老夫臣佗陸賈還報文帝大悅然
其居國竊如故號至武帝初佗薨孫胡嗣王胡薨子
嬰齊嗣王嬰齊薨子興嗣王初嬰齊入長安宿衛取
邯鄲樛氏女即興母也舊與霸陵人安國少季通及
嬰齊薨漢使少季往諭王及太后來朝復與私通國
人以是多不附太后太后恐亂起亦欲倚漢立威因
使者上書請比內諸侯三年一朝除邊關武帝許之
而其丞相呂嘉獨不欲內屬遂發兵反攻殺太后王

及漢使者終軍等來立嬰齊子建德爲王漢大怒遣路博德楊僕等四道出兵擊擒之南越平遂以其地爲儋耳珠崖南海蒼梧鬱林合浦交趾九眞日南九郡而儋耳珠崖二郡在海中焉武帝末中國貪其珍賂漸相侵侮故率數歲一反至元帝時納賈捐之議罷二郡諸郡雖屬中國而言語各異重譯乃通習俗頗惡男女同川而浴後徙中國罪人使雜居其間乃稍知言語漸見禮化光武中興錫光任交趾任延守九眞教民耕種嫁娶制爲冠履建立學校於是嶺南有華風焉其徼外蠻夷亦數貢獻建武中交趾女子

徵側徵貳反甚雄勇九眞合浦日南九郡諸蠻皆應之凡略六十五城自立爲王光武遣馬援破之斬徵側徵貳餘皆降散至建安初交趾刺史張津上表請改交趾爲交州詔從之遂拜津爲交州牧加以九錫彤弓彤矢禮樂征伐與中州方伯侔自錫始也桓靈以後蠻獠又據象郡象林縣遂爲林邑國矣魏晉宋齊爲州陳改爲郡隋廢郡置州煬帝復廢州置郡唐改交州總管府俄復改安南都護府自漢以來列置郡縣獠俗難理率數歲一反至五代時土豪曲承美據之已而并於劉隱劉隱者唐末爲封州刺史數有

功於嶺南朱梁封爲南海王隱卒弟龔立多勇略是時曲顥劉士政等分據嶺南諸州而龔出兵悉平之惟交州未克明年龔遂即皇帝位國號漢好奢侈悉聚南海珍寶以爲玉堂珠殿久之遣將梁克貞等攻交州擒曲承美至南海龔曰公常以我爲僞廷今反面縛何也承美頓首伏罪乃赦之承美者曲顥子也無何愛州吳權攻交州自立龔封子洪操爲交王出兵攻之敗歿龔收其餘衆而還龔卒子玢立玢卒弟晟立十二年吳權子昌濬稱臣求節鉞晟遣使慰諭之晟卒子鋹立交州大亂驩州丁璉擧兵擊破之鋹

授璉交州刺史號曰大勝王宋太祖與諭使鋹稱臣不從遂擊平之鋹素衣白馬以降封恩赦侯頃之而丁璉亦内附宋封爲交趾郡王自是後交趾代稱王矣璉死弟璿嗣年尚幼而大將黎桓擅權劫遷璿於別第舉族禁錮代總其衆太宗聞之怒遣將孫全興等從水陸兩路討之稍失利桓志愈驕負阻山河屢爲寇害漸失藩臣之禮矣宋帝志在撫寧不欲問罪而桓亦時遣使入貢宋遂封爲交趾郡王桓死子龍挺殺兄龍鉞而自立苛虐不法國人不附李公藴遂殺龍挺自稱留後遣使奉貢李公藴者龍挺所親信

臣也宋以黎桓不義而得公蘊尤而效之甚可惡也然以蠻俗不足責遂封公蘊王號如故公蘊卒子德政立卒子日尊立卒子乾德立會知封州劉彝聽偏校言以為安南可取大治戈船交人來互市者率皆遏絕表疏上訴亦不得通於是大舉入寇連陷欽連邕三州屠其民五萬餘口神宗怒遣將郭逵趙卨等討之大破交兵乾德懼遂奉表乞再修職貢還所奪州縣尋約歸三州官吏千人久之方送民二百二十一口男子皆刺額年十五以上刺曰天子兵二十以上曰投南朝婦人刺左手曰官客悉載以舟而泥其

户牖中設燈燭日行三十里則止而僞作更鼓以報凡數月乃至蓋以紿示海道之遠也自是朝貢不絶矣乾德卒凡五傳而昊旵立昊旵卒無子以女昭聖主國事尋遂爲其壻陳日煚所有云自公藴傳凡九世而亾其名曰日曰乾曰陽曰天曰龍皆有僭上之意而宋朝以其僻在海隅不復與較也元時遣將兀良合台攻諸夷之未附者先遣使二人往諭交趾陳日煚縛二使者以破竹束體入膚禁諸獄中元大怒遣將徹徹都等分道進兵討之破其國而日煚遁海濵弱不能支久之歸附元封其子光昺爲交趾郡王

光昺殁子日烜立卒子日燇立自日煚後雖累世入
朝而元責其貢物太重故多有時入寇掠者然終不
能爲元敵也　我朝洪武元年遣漢陽知府易濟頒
詔安南其王陳日熞遣陪臣同時敏段悌黎世安等
朝貢請封　上即遣學士張以寧典簿牛諒往封日
熞爲安南王以寧等十月至安南界聞日熞已先殂
姪日熞嗣立以寧護詔印洱江上使牛諒入其國先
諭旨安南遣陪臣阮汝亮來迎請即授詔印日熞以
寧不許曰奉詔封爾先君耳非世子名爾國當遣使
上請必得旨然後敢授於是日熞遣陪臣杜舜卿等

告哀請命于朝以寧留安南候命因教安南人行三
年喪及稽顙頓首拜謁諸禮儀其後　上聞之大喜
賜以寧詩獎諭之明年舜卿以日熞訃音來告且為
日熞請封　上乃自製祭文以翰林院編修王濂吏
部主事林唐臣賫詔往封日熞嗣王并取以寧所護
印詔賜物界之使至日熞率其臣郊迎及俯伏聽詔
北面跪受稽顙如藩臣禮日熞遣使隨王濂等還朝
入貢謝張以寧亦還卒於途未幾安南陪臣陳叔明
以兵收其王左右殺之使人弒王日熞遣使來貢表
署叔明名主客部已受表尋取閱副封見其名異曰

此必有變亟白尚書詰之使者不敢諱直言日熞爲叔明所逼而死遂篡位禮部以聞　上曰島夷何敢狡詐如此却其貢不受久之叔明復爲宗人陳煓篡立遣使貢方物甚豐　上置之不問第勅諭其貢物過豐而已後煓攻占城病死海濱使來告哀　上遣使往祭之是時日焜嗣王日焜者叔明之子也踰年日焜爲其國相黎季犛所弑季犛改國曰大虞自稱太上皇使其子胡查爲國王詐稱陳氏絕而查其甥也求權署國事朝廷從之未幾老撾宣慰使刁緣遣使護送日焜孫添平赴京愬其實季犛懼上表請添

平歸還以國詔遣廣西都督黃中呂毅前大理卿薛嵓等護送添平還及入境季犛遣陪臣黃晦卿等迎候禮甚恭具牛酒犒師中等遣騎覘之壺漿屬路無他也遂進渡雞陵關山路險峻林莽蒙密軍行不得成列會天雨季犛乃伏兵山谷中衆數萬鼓譟出斷橋後騎不得前遂劫添平擒殺之嵓亦死中等引還事聞

文皇怒四年以新城侯輔西平侯晟等二十五將軍率各省兵從廣西雲南兩道出討安南而以尚書劉儁黃福參賛軍務　上幸龍江誓師遣之輔等至安南先傳檄數季犛罪二十諭其境內以立陳

氏後意然後帥兵進之是時安南恃宣洮富良諸江
爲固閉王師至遂緣北岸樹柵更築土城城柵相連
亘九百餘里江南岸列置椿內諸江口俱下捍木以
逆舟楫其土城高峻城外設重濠濠內密置竹簽外
坎地以陷人馬輔下令軍中曰彼所恃此城吾輩報
國立功在此一舉先登者賞不次於是將士踴躍期
夜襲城以舉火鳴角爲號四鼓都督黃中等銜枚舁
攻具越重濠薄城下以雲梯附城都指揮蔡福先登
諸將士繼之火舉角鳴安南兵倉皇矢石不得發皆
散走師悉入城復巷戰列象爲陣輔等以畫獅蒙馬

神鋭翼而前象皆股慄多中鋭箭傷遂退走交軍衆潰亂殺其帥梁民獻祭伯樂等追至傘圓山死者不可勝計頃之遂克東西二都凡宣江洮江等州縣皆降自是季犛將士氣沮輒戰輒敗前後斬首四萬餘級溺水者不可勝計大獲其戰艦兵仗諸郡邑相繼來降季犛遁去我軍遂窮追季犛父子於奇羅海口悉獲之詔求陳氏後已絶乃郡縣其地置交趾布按都使司府十七州四十七縣一百五十七勅尚書黄福兼布按二司事勅輔晟求交趾有行能學藝者送京師擢用九月輔遣柳升露布獻俘季犛蒼及僞將

相下獄餘皆赦之進封輔英國公晟黔國公封柳升安遠伯餘各陞賞有差時永樂六年七月也八月交人簡定鄧悉反晟討之失利七年勑輔討之擒簡定磔於京踰年而陳季擴復叛自稱大越皇帝季擴者即簡定之從子也稱陳氏後以惑衆其勢重於定輔復率衆往討轉戰連年始獲之自輔之下交南凡三獲僞王威震西南夷中頃之召還而中貴人馬騏者貪而殘背失衆心黎利遂乘之反捕之不勝赦之不服宣德元年遣王通柳升等帥兵由廣西雲南兩道出討之升等師至交趾隘留關黎利及諸大小頭目

具書遣人詣軍門乞罷兵息民立陳氏後主其地升等受書不啓封遣人奏聞時利於官軍所經處悉列栅拒守官軍連破之直抵鎮夷關如入無人之境升勇而寡謀不嚴戒備前至倒馬坡獨與百數十騎先馳渡橋既渡而橋遽壞後隊阻不得進交人伏兵四起升中鏢死從升者皆陷沒副總兵梁銘參贊尚書李慶郎中史安主事陳鏞李宗昉等皆死惟主事潘原大脫歸適聞升死懼不敢出乃與利約和利遂上書謝罪且乞封時　宣宗厭兵意欲棄交趾未決乃集諸大臣議張輔等言不可而內閣士奇榮力勸棄

之遂然其言乃遣兵侍羅汝敬等赦利求陳氏後立之又勑通等班師內外鎮守三司衛所各府州縣文武吏士携家來歸通至京羣臣劾通及馬騏論死繫詔獄而利上表言陳氏已絕於是遣禮侍章敞通政徐琦冊利權署安南國事然利已竊改元帝其國中矣利卒凡六傳而琱立鄭惟鐐與陳眞等共殺之而立僞沱陽王譓是時僞武川伯莫登庸典兵柄久之逐譓而自立國號大越無何傳位於其子方瀛而登庸自稱太上皇譓恐遇害避居清華府登庸復出兵攻之譓奔老撾國以嘉靖九年九月憤悒死而譓故

臣共立其子寧居於清化府之木州漆馬江與老撾
隔界登庸屢遣兵攻之而老撾時爲援不能克無何
寧來請兵乃下兵部議以咸寧侯仇鸞尚書毛伯溫
等往討之會兩廣撫守臣厭兵而莫氏先已上表言
黎譓無子垂歿時與羣臣議登庸父子有功於國召
登庸子方瀛入付以印章令嗣主國事黎寧乃亂臣
阮淦之子冒稱黎姓者也其所自列如此然大抵皆
誣罔辭也伯溫等至交趾與諸將經畫既定兵衆漸
集馳檄諭其臣以　朝廷興滅繼絶之義討罪止於
登庸父子有能舉郡縣降者即以郡縣授之擒斬莫

登庸父子來降者賞二萬金官顯秩又諭令莫登庸父子果能束身歸罪盡籍土地人民納款聽命亦待以不死於是伯溫等駐師安南境登庸懼遣使詣軍門乞降躬聽處分詞頗卑切伯溫等承制許之約以十九年十一月初三日來降守臣於鎮南關近地修設幕府將臺以待時登庸子方瀛已死乃留孫福海於其國至日登庸與侄莫文明并酋目阮如桂等四十餘人入關各尺組繫頸詣所設關庭徒跣匍伏稽首跪上降表復詣軍門匍伏再拜盡籍國中土地軍民職官悉皆處分所侵四峒境土願以內屬仍請每

領正朔遵奉舊賜印章謹護守以候更定於是伯溫等宣諭　朝廷威德暫令歸國候命伯溫等疏上
詔從之乃降安南國爲安南都統使司以登庸爲都統使從二品子孫世襲別給銀印舊所僭擬制度削去令三歲一貢黎寧仍令守臣勘訪果係黎氏之後授與所據四府境土以承宗祀否則已制下莫登庸已故伯溫等復上疏請以制命授其孫福海從之遂班師伯溫等進秩賞賚有差未幾福海復爲黎寧所逐黎氏仍據國莫氏竄居南海島朝廷置不問而黎氏朝貢至今不絕其俗夷獠雜居粗知禮義獷悍喜

鬭重富輕貧一年三稱一歲八蚕地多魚鹽之利惟

交愛人倜儻好謀讙演人淳秀好學其譯呼天爲雷

地爲得日爲霅月爲湯盞其山川佛蹟山景物清麗爲一方勝槩

安鑊山出美石漢豫章太守范甯嘗遣吏於此採石爲磬艾山人跡罕至上有仙艾春開

花漂落至水魚吞之至龍門江化爲龍龍門江其傍有穴出鸚鵡魚色緑尸曲而紅此魚能化

爲龍龍溪昔陳氏夜過江不能渡忽得一橋渡之回顧不見及有國改名龍溪富良江其

産有蘇合油其樹生膏爲油或云合諸香汁爲之雞舌香可以尸含不入衣服其木

辛膓禽獸亦不能至花熟隨水出香乃釀花而成者都梁香似藿香浮沉藤背子

藤實皆赤色可食人子藤其子如人狀燒之集象彼處極難得千歲子有藤蔓出土上

子在根下菴羅果中極品俗名香蓋石栗生山石罅中花開三年方結實土人珍之九層

皮脫至九層方見肉熟而食之其味類栗訶羅勒皮肉相著交愛州者爲佳楓樹子
大如雞子燒之甚香古度樹一名枕不花而實實從木皮中出如綴珠然黃時即食時久則其中
化爲紋蟻飛出木綿樹實如酒杯皮薄中有如絲綿者色正白破一實得四五斤欀木樹
皮中有屑如白米可作餅食莎樹亦有米可食由梧竹長三四丈圍三尺可作梁柱
如何九百年一實形如栗長五尺赤絜漆也有土赤如膠以木枝入其中則蟻出緣而生漆
赤色堅明蟻子鹽醢溪洞人收蟻卵鹽爲醬甚珍貴之象牙簟抽牙絲織成者猩
猩人面豕身能言嗜酒白鹿白雉俱純白色狒狒長臂黑身披髮見人則笑大蜈
蚣皮可鞔鼓肉白如瓠暴爲脯味佳紅飛鼠背毛肉翼每雌雄伏花蕉間得其一則其一不
去南中婦人採之以爲媚男之藥辟寒犀色黃如金以金盤置於殿中煖氣襲人唐開元中交
阯獻此物辟珠大者如指辟釧鉄者銅鉄不能損辟竹本者竹不能損犯以他物則毀矣常附胎黔

椰子檳榔諸果上謂之聖銕爲奇

論曰安南東至海西抵老撾南接占城北連思明殆雄視南方之國也自漢武滅平南越之後列爲郡縣叛服無常中國未嘗一世忘兵革矣後乘五代之弱乃自稱王宋卒不能收復故境遂益恣睢偃然自據及聞我　聖祖龍興貢使相尋稱臣請封始未嘗不效順而後稍驕桀殺我使臣也　文皇勤平而郡縣之豈非王法宜爾哉蓋炎荒萬里之遠饑之則虎踞其外守之則蠧耗其內余固謂　文皇之討天威也　宣宗之棄遠慮也二帝之識同一揆矣厥後王師甫

至莫登庸係頸徒跣匍伏納款貽謀之善此足徵焉

占城

占城古越裳氏漢象林後爲林邑國唐環王國宋名占城元與國朝因之周成王時越裳氏重九譯而獻白雉以後罕通及漢定南越之後爲象林縣屬交阯者數百年漢末大亂縣功曹子有區連者殺縣令自稱林邑王子孫相承吳時通使其後王無嗣外孫范雄代立雄死子逸嗣逸死奴文篡立文者日南夷帥范幼家奴也嘗牧牛於山澗得鱧魚二化爲鐵因以鑄刀刀成文向石呪曰若斫石破者當王此國因斫

石如斷芻藁文私心異之范幼嘗使之商賈至林邑
因教林邑王作宮室及兵車器械王寵任之後乃讒
言諸子各奔他國及王死無嗣文僞於鄰國迎王子
置毒於漿中殺之遂脅國人自立後稍攻破旁國并
有衆四五萬又陷日南襲九真勢遂滋大文死子佛
立晉日南太守灌邃帥兵討之追至林邑佛請降自
佛五傳而至文敵爲扶南王子當根純所殺大臣諸
農平其亂自立爲王諸農死子陽邁立陽邁初在孕
其母夢生兒有人以金席藉之其色光麗夷人謂金
之精者爲陽邁若中國云紫磨者因以爲名宋初遣

使貢獻以陽邁爲林邑王陽邁死子咄立每獻使貢獻獻亦陋薄而寇盜不已文帝忿其違慠遣檀和之宗慤蕭景憲伐之景憲爲先鋒攻城剋之乘勝即克林邑咄父子竝挺身逃奔獲其珍異皆是未名之寶又銷其金人得黃金數十萬斤其後歷宋齊梁陳朝貢不絕矣隋文帝既平陳天下無事羣臣言林邑多奇寶者於是隋帝遣將劉方等擊之其王梵志率其徒乘巨象而戰方軍不利乃多掘小坑草覆其上因以兵挑之方與戰僞北梵志逐之其象陷軍遂亂方大破之遂棄城走入其郡獲其廟主十八枚皆鑄金

爲之蓋其有國十八葉矣方班師故地遂空梵志收
合遺人别建國邑更名環王唐貞觀初王頭黎獻馴
象鏐鎖五色帶朝霞大火珠其言不恭赦不問又獻
五色鸚鵡詔還之頭黎死子鎮龍立獻通天犀後鎮
龍爲其臣下所殺大臣共立頭黎女爲王諸葛地頭
黎之姑子也父得罪奔眞臘女王不能定國大臣復
共迎諸葛地爲王妻以女天寶中獻火珠大如鷄子
狀如水晶日正午時以艾藉珠輒火出云得之羅刹
國自後罕通周顯德中占城遣使來獻有通犀帶菩
薩石又有薔薇水灑衣經歲香不歇猛火油得水愈

織國人用以水戰宋時四百餘年朝貢不絕貢物有
琉璃犀角象牙孔雀龍腦香大食瓶馴象獅子紅白
鸚鵡紫礦沉檀諸香等物地與交趾鄰數爲交趾所侵
故入貢時輒以討交趾爲請宋以交趾通不絕勿許
也淳熙間占城以舟師襲破眞臘慶元以來眞臘大
舉入占城復仇俘其王戮其臣僕勦殺幾無噍類更
以眞臘人爲王元至元中遣右丞唆都往諭占城王
明年其王遣使來貢方物稱臣内屬元命唆都即其地
立省以撫安之既而王太子補的專國元使往暹國
及馬八兒國經占城者皆被執於是占城行省遣將

隊仲達劉金等率兵四面攻之占城大敗國王孛由補剌者吾棄行宮燒倉廩與其臣逃入大州西北鴉侯山元兵攻大州王遣其舅寳脫禿花等詣行省來降獻雜布二百匹大銀三錠小銀五十七錠碎銀一甕來歸款又獻金葉九節標槍言國王中創病太子補的被傷已死俟王病少愈詣闕進見也行省尋遣人覘之語皆僞情王實聚兵三萬餘於鴉候山遣使交趾眞臘闍婆等國借兵期與元兵交戰於是行省遣萬戶張顒等往攻王所棲之境其地山林阻隘不能進占城人旁出截歸路軍皆死戰得解還營墳之

江淮省遣萬戶忽都虎等至占城助唆都軍見巴班
師遂令百戶陳奎招其國王來降王遂奉表歸款元
自是不復加兵矣我　朝洪武二年遣吳用顏宗魯
楊載等使占城爪哇日本等國賜璽書是年遣使
朝貢我遣使封阿答阿者爲占城國王未幾　上聞
安南占城相攻占城遣使來告乃命編修羅復仁主
事張福以詔諭之令宜畏天守分各罷兵歸國如互
執兵端禍不能逃詔至二國各聽命四年占城復遣
使奉金葉朝貢言安南數侵境乞賜兵器樂人俾安
南知我乃聲教所被輸貢之地不敢欺凌　上憐之

命中書省咨言即諭安南罷兵兵器不爾吝但以安南故賜爾是助爾搆兵也樂器有聲律華夷方言本異中國人不可遣遣爾國人能習華音者來習樂十六年遣子賀　聖節賜勘合文冊二十四年使至以臣弑君故絕之永樂四年勑王占巴的賴得黎賊父子及其黨惡即械送京尚書陳洽在南交軍中馳奏占城國王占巴的賴奉命出兵討安南陰懷二心逗遛不進及進至化州輒肆虜掠又以金帛戰象資季擴季擴亦以黎蒼女遺之復約季擴舅陳翁挺等三萬餘人侵升華府隸四州十一縣地驅掠人民罪下

季擴一等耳請發兵討之　上以交趾初平不欲窮
兵遠夷遣使諭王歸我侵地命三年一貢正統六年
國人請封其嗣王成化中遣使冊封正使卒海上副
使論罪戍邊弘治中復遣使告安南侵據狀乞命官
往正其罪　上欲從之徐溥等上言春秋王者不治
夷狄今若遣使往至安南彼小必掩過飾非大必執
迷抗命置之損威擊之貽患尤大宜勿聽乃止其國
南距眞臘西距交趾東北際海自閩長樂五虎門西
南行順風可十日至其地自廣州發舟順風八日可
至俗獷悍果於戰鬪商船至即差官監盤十取其二

外聽交易尚釋教王冠三山金花玲瓏冠衣白跣足乘象或黃牯車每視朝有美女三十人侍從官屬皆膜拜臣茭葉冠男蓬頭女後椎結所居茅茨不得踰三尺民衣紫衣衣玄黃罪死出入乘象馬粒食亦鮮食殺牛祭鬼驅象逐邪市用金銀焚衣祭天地性好潔日三五浴以腦麝塗體以諸香熏衣地不產茶惟以檳榔止渴釀酒甕中俟熟賓主繞甕坐筒而咂且咂且注水味盡而止文書用羊皮及黑木皮無閏月晝夜各分五十刻其刑罪輕者以四人拽伏於地藤杖鞭之罪當死者以繩係於樹用梭槍齊喉而殊其

首若故殺劫殺令象踏之或以鼻捲撲於地犯姦者男女各入一牛以贖罪負國王物者以繩拘於荒塘物充而後出之王當賀日沐人膽汁將領獻人膽爲賀第不用中國人膽傳云往年有用華人一膽者是日一甕之膽盡皆朽腐王即病死故戒之王在位三十年即入山茹素受戒令子侄攝國居一歲籲天誓曰我不道當充虎狼食或病死期年無恙復入爲王若民入山爲虎所噬或舟行被鰐魚之厄其家訴於王王命國師作法誦呪書符投名死所虎魚即自投赴請命殺之若訟曲直難辨者令過鰐魚潭曲者魚

出食之直者雖過其前鰐魚自避此與梁書所載扶南事同國中人非日午不起非夜半不眠有婦人號屍致魚者目無瞳夜飛頭入人家食小兒穢氣頭返合體如故失其體不得合則死矣昔漢武時因墀國使者云南方有解形之民能使頭飛南海左右手飛東西海至莫頭還肩上兩手遇疾風飄於海外即此是也其譯語呼天爲剌儀地爲打納日爲仰胡鋭月爲仰不藍其山川金山山石皆赤其中產金夜則出飛狀如螢火不勞山犯罪則送此山令自死爲大其產大火珠與唐時所獻火環同菩薩石薔薇水猛火油奇南香見前惟產此國生金即金山所產者吉貝樹名也其華成時如鵞毳抽其緒紡

爲布亦染五色**野牛**性甚狠見人身穿青者必逐抵觸而死**海棗**樹如栟櫚實大如爪五年一實味甚甘**觀音竹**如藤長二丈節長二三寸色黑如鐵**千步草**佩之香闘千步南海皆有之**婦人魚**狀如婦人形髮皆具出沒波中東海亦有之**海鏡**如蚌中有紅蟹子小如海鏡饑則蟹出拾食蟹飽歸腹則海鏡亦飽也**寶母**狀如美石每月望夜以置海邊可集諸寶世不一見**澄水珠**投濁水中則其水瑩然澄徹可愛**爲奇**

論曰林邑占城故越裳氏諸史載之第考越裳氏之事則有大謬不然者蓋當周成王時越裳貢雉使者曰吾受命國之黃耇天無烈風淫雨海不揚波三年矣意者中國有聖人乎故越萬里來獻周公歸之王薦於宗廟久之使者欲歸迷路公錫以駢車五乘皆

爲指南之制使者載之由扶南林邑海際朞年一至
國焉今占城之地路從閩廣順颿不踰旬日可至奚
待期年且又云由林邑海際而行何也在秦漢既名
林邑乃後漢及王莽時有書越裳貢白雉者此又曷
以稱焉余本志中但列越裳之名而略其事盖疑之
也第以勢力孱弱之國地鄰安南輒受侵辱故入貢
時輒以討安南爲請夫夷狄相攻中國之利也帝王
馭夷如馴鳥然寧饑勿飽飽則摶風而逝矣儻助之
兵而令占城得志安能必其後之向化如今日哉
聖祖知之故　詔諭安南罷兵勿從其請一以外杜

夷奸一以内恬民事其神謨遠略代罕儔焉彼區區越裳之獻又未足爲今日重也

眞臘

眞臘本扶南屬國漢成帝時獻萬年蛤夜光珠帝以蛤賜趙后以珠賜婕妤後久未通至隋復通中國唐初其王質多斯那并扶南其勢遂盛扶南者其先有女人爲王號曰柳葉年少壯健裸體披髮不制衣裳其南有徼國事鬼神者字混塡夢神賜之弓乘賈人船入海混塡晨起即詣廟於神樹下得弓便依夢乘船入海至扶南外邑柳葉人衆見船至欲取之混塡

即張弓射其船穿度一面矢及侍者柳葉大懼舉衆降混塡混塡乃敎柳葉穿布貫頭形不復露遂治其國納柳葉爲妻生子分王七邑其後王混盤況以詐力間諸邑令相疑阻因舉兵攻并之乃遣子孫衆分治諸邑號曰小王盤況年九十餘死立中子盤盤以國事委其大將范蔓盤盤立三年死國人共舉蔓爲王蔓勇健有權略復以兵威攻伐旁國咸服屬之自號扶南大王乃治作大船窮漲海攻滅旁十餘國開地五六千里後爲其姊子旃簒立蔓死時有乳下兒名長在民間至年二十乃結國中壯士襲殺旃旃大

將范尋又殺長而自立吳時遣中郎康泰宣化從事朱應出使其國國人猶裸唯婦人著貫頭泰應謂曰國中實佳但人褻露可怪耳尋始令國內男子著橫幅大家截錦爲之貧者用布晉武帝穆帝時俱遣使來貢其後王憍陳如本天竺婆羅門也有神語曰應王扶南憍陳如心悅南至盤盤扶南人聞之舉國欣戴迎而立焉復改制度用天竺法憍陳如死其後王梁書具載有世次名號歷宋齊梁朝貢不絕梁大同初遣使獻生犀又言其國有佛髮長一丈二尺詔遣沙門釋雲寶隨使往迎之其髮青紺色以手伸之隨

手長短放之則旋屈爲蠡形案僧伽經云佛髮青而
細猶如藕莖絲佛三昧經云我昔在宮沐頭以尺量
髮長一丈二尺放已右旋還成蠡文則是眞爲佛髮
也頃之其國有人持一碧玻璃鏡來貿易者鏡廣一
尺五寸重四十斤内外皎潔置五色物於其上向明
視之不見其質問其價約錢百萬貫舉國不識莫有
酬其價者以示杰公杰公曰是上界之寶也當爲國
王及大臣所藏爾胡客何由得之必竊盜至此者胡
人逡巡不能對俄而其國遣使追訪果如所言隋時
其王姓古龍遣使貢獻唐貞觀中貢白頭國二人素

首白身如凝脂然未幾眞臘滅之據有其地扶南遂亡眞臘自武德至聖曆間凡四來朝至神龍中分爲水陸眞臘二國大曆中其副王婆彌及妻來朝獻馴象十一擢婆彌試殿中監賜名賓漢是時德宗初即位珍禽奇獸悉縱之蠻夷所獻馴象畜苑中元會充庭者凡三十二悉放荆山之陽元和中水眞臘亦遣使貢獻言屬國有道明國無衣服見衣服者共笑之蓋幾與禽獸爲羣矣宋政和至紹興間朝貢不絕朝廷封其王與占城等馬淳熙間占城襲破其國眞臘人養精蓄銳十有餘年大舉入占城更立眞臘人爲

王於是占城遂爲眞臘屬國矣我　朝洪武六年國
王忽兒那遣使表獻方物賜大統曆文綺自是朝貢
不絶昔元時周達觀出使其國著有眞臘風土記載
其事甚詳其最異者言國王每夜臥一金塔上有九
頭蛇精係女身來與國王同寢交搆二鼓方出可與
妻妾同睡若此精一夜不見則王死期至矣若王一
夜不往亦必獲災禍亦有儒釋道三種呼儒爲班詰
於頂上以白線挂之別其爲儒也呼道爲八思其國
中道教少亦不甚尊呼僧爲苧姑其教最盛王公庶
人皆敬畏之如神明然民家養女至八九歲必命僧

去其童身名曰陣毯蓋官司於中國四月内須命陣毯之家先行申報然後行其事秘不令唐人見之陣毯後必用金銀布帛等物與僧贖身否則此女終爲僧有矣前此父母必與女同寢以後斥於房外任其所之刑無絞斬重罪則坑之次則斷手足耳鼻次則罰金而已其土地靈人多術法如辨盜眞僞置其手油鍋中眞爲盜者手卽腐爛否則皮肉如故又辨訟曲直令兩家各坐一小石塔三四日其理曲者必獲證候或身生各病理直者略無纖事謂之天獄婦多淫國多兩形人每日十數成羣行於墟場間常有招

來唐人之意反有厚餽人死則擲郊野曠中俟有鷹犬類來食須刻而盡則謂父母有福否則謂之惡報今亦漸有焚者男女推髻以上髮爲髻制國王仍用塔葬文易皆婦人唐商人到彼必先納一婦爲便其見唐人亦頗加敬畏呼之曰佛云余觀通典通考各代史異域志諸書所載俱未有如此之異者但言其國地無霜雪自四月至九月日夕皆雨水高十丈巨樹盡沒民移入山居至十月絕無雨水民復還耕種王三日一聽朝坐五香七寶牀上施寶帳以文木爲竿象牙金鈿爲壁其冠履服制大都盡華飾也民俗亦

侈靡以錦圍身故諺云富貴眞臘官名與占城同輒與參半朱江二國和親數與林邑陁栢二國戰爭其人行止皆持甲杖王初立日其至戚兄弟並刑殘之令別處供給不得仕進法無牢獄有罪者先齋戒三日乃燒斧極赤令之捧行七步蕃殺漢人即償其死漢殺蕃人罰金而已人死以五香木燒尸收灰以金銀盆盛之貯之水中貧者或用瓦亦有不焚送屍山中任野獸食者其鄰有西棚國天隅有一竅極明土人稱爲天門云女媧氏之所不至也其譯語父爲巴駞母爲米姑兄爲邦弟爲補溫其山川則陵伽鉢羅

山上有神祠新名婆多利祭用人肉身以兵二千本守衛之王及國人甚加敬畏其產嘉果建同魚也鼻如象吸水上噴高五六十尺四足浮胡魚也嘴如鸚鵡八足大魚望之如山歲五六月中毒氣流行即以白猪白羊祭之不然其歲荒災風母似猿打死得風即活惟以菖蒲塞其鼻則死不復生矣交趾亦有之却塵獸其皮不沾塵故名元載寵姬薛瑶英曾以為帳高麗亦有之金顏香香乃樹脂有黃白黑三色白者為佳能聚衆香番人以之塗身毗野實似柑婆田羅實似棗歌畢佗實似李鰐魚大者如船四足類龍特無角耳肚甚脆美美人酒美人口中含而造之一宿而成為奇

論曰眞臘自古通貢俗同諸夷而周達觀所紀獨異羣書至辨盜辨訟事西南諸國多有此俗非特眞臘然此何故也葢地邇印度奉佛甚謹善惡報驗佛法

固然嘗讀內典見有阿闍王令醉象蹋佛佛以慈善根力舒五指成五獅子以佈醉象事又有西土龍樹與善呪婆羅門角力婆羅門化大池蓮坐其上龍樹化白象入池鼻舉蓮花高擲婆羅門事此惡驗也又有毗奢利國有人如馬裸露見王號呼王運神力分身爲蚕覆乃得衣事又有波斯匿王収五百賊剜其兩目棄入坑中爾時羣賊苦痛念南無佛達摩以慈善根力吹藥令入賊目悉平事此善應也諸如此類不可勝述余恐士人以真臘事爲誣故偶敘之末云

爪哇

爪哇漢晉以前未聞唐爲訶陵宋爲闍婆元爲爪哇
國朝因之唐貞觀中訶陵王遣使者貢金花等物至
上元間國人推女子爲王號悉莫威令整肅道不舉
遺大食君聞之賫金一囊置其郊行者輒避如是三
年太子過以足躪金悉莫怒將斬之羣臣因請悉莫
曰爾罪實本於足可斷趾羣臣復爲請乃斬指以徇
大食聞而畏之不敢加兵大曆中訶陵使者三至元
和中獻五色鸚鵡頻伽鳥咸通中獻女樂又獻金花
帳溫涼牀龍鱗席鳳毛褥玉髓香瓊膏乳宣宗陳之
以迎佛骨自後罕通宋元嘉中奉表入貢淳化初國

王穆茶羅遣使貢方物甚夥使者言其國與三佛齊有仇怨互相攻戰山多猴不畏人呼以霄霄之聲即出或投以果實則有大猴二先至土人謂之猴王猴夫人食畢羣猴食其餘其鄰國名婆羅門有法善察人情人欲相危害者皆先知之詔賜金幣甚厚賜良馬戎具以從其請大觀後朝貢不絕尋以南郊事授中國官職封爲闍婆國王食邑二千餘戶自是宋每遇大禮加闍婆王官邑以爲常矣元至元中詔史弼高興等征爪哇水陸並進軍會船中無水海水鹹不可食士饑渴欲死史高拜天祝之尋以鎗插海灘中

清泉涌出因名聖水士卒得天賜遂大奮擊殺傷甚衆尋撫諭降之至我　朝其國分東西二王洪武時凡兩遣使來貢已而我使至三佛齊爪哇要而殺之置不問至永樂三年東王孛令達哈遣使請印與之五年西王都馬板滅東王時我使過東王城西王殺我百七十人後懼遣使謝罪勑令償死者黃金六萬兩而爪哇遣使貢萬兩上蠲其金曰朕利金耶令遠人知畏爾十六年獻白鸚鵡令三年一貢其國天無霜雪四時常熱王居不甚麗民皆茅茨其國有四處王無常居往來四處之間一曰杜板民千餘家二

人爲長聖水在焉一曰新村原係沙灘之地因中國人來此居遂成村落民甚殷富各國番船到此貨賣一曰滿者伯夷民二三百家頭目七八人以輔其王曰蘇魯馬益民千餘家亦有村主有大洲聚猴數萬惟一老雄猴爲主一老番婦人侍立其傍俗婦人求嗣者備酒肉餅果等物禱於老猴老猴喜則先食其物衆猴隨分食之尋有雌雄二猴前來交感爲驗此婦歸家便即有孕否則無孕且又能作禍故人家多備食物祭之傳言唐時其家人有五百口男婦兇惡忽一日有僧至其家取水噀之五百人俱化爲猴惟

一老嫗未化今舊宅猶存此亦大奇事也其四處人亦有西番胡人唐人土人三種胡人久居服食雅潔唐人持齋受戒土人有名無姓猱頭赤脚無椅榻匙筯啖食蛇蟻虫蚓與犬豕同寢食不爲穢也男必佩刀刃極精巧不設刑禁輕者許以物贖重者滕繫殺之其民不爲盜道不拾遺諺云太平闍婆是也書同瑣里無紙筆惟以尖刀刻於茭葦葉上亦有字法帝用中國古錢病不服藥但禱神求佛其人死屍不朽喪有水葬火葬犬葬惟死者所欲女人有毒中國人與之交接則苦瘡或致死若涎液露著草木即枯其

國俗四季每月望夜前後番婦數十人聚衆成隊一婦爲首衆婦隨行月下首婦唱則衆婦皆和至親友富貴家則贈以鈔帛等物每十月有竹槍會其國王及妃各乘一車至會所令男子二人爲偶各執竹槍妻各執短木列其旁及交敵三合妻各以短木隔之曰那剌那剌則退設中槍死王令勝者與死者金錢一個死者妻即隨勝者而去舊傳鬼子魔於此地與一罔象相合生子百餘啖人血肉人被啖盡一日雷震石裂中坐一人衆異之奉爲國王即領兵驅逐罔象而不爲害相傳至今其國之移文後書一千三百

七十六年考之乃肇啓漢初時也旁有蘇吉丹國裸體跣足俗甚醜惡其東則女人國（見朝鮮志）愈東則尾閭之所洩非人世矣亦有飛頭食人者衆共祠之名曰虫落因號落民地凡自泉州發舟一月可至其山川鸚鵡山（出鸚鵡）八節澗（元史弼高興會兵于此）其産有綠鳩綠鳩紅白鸚鵡倒桂白鹿白猿白猴（俱純白色唐宣宗時南海蠻獻白猿脂數甕）椰极（如枇杷肉有白肉二塊味佳）蚕吉柿（如石榴）蝦蝝丹（樹也其中出酒）（又有桄榔椰花酒）鹽（從山穴中涌出國人食之）爲奇

論曰昔郅支樓蘭漢諸夷中大國也邀殺漢使陳湯傅介子猶擊斬之今爪哇蕞爾小蠻橫行猖獗其罪

過於郅支樓蘭遠矣倘興師伐罪勢如破竹第帝王一怒必伏尸流血故聖祖重行之詔罰以金尋又却之曰今遠人知畏爾君子謂是舉也德莫厚焉威莫加焉俾四夷聞之爭向化矣

三佛齊

三佛齊即舊港國又名浡淋東南海中大國也唐天祐初遣使貢方物宋自建隆以至淳熙朝貢不絕貢物則有水晶火油象牙乳香薔薇水萬年棗偏桃白沙糖水晶指環琉璃瓶珊瑚樹崑崙奴崑崙奴者能蹹曲爲樂者也我　朝洪武時國王怛麻沙那凡三

遣使朝貢賜大統曆文幣頃之其[illegible]從我招諭拂菻
時其王怛麻沙那亥賜王子麻那者巫里三佛齊國
王印有廣東人陳祖義者脫罪避居其國久之得爲
將領暴掠番商永樂中太監鄭和至三佛齊祖義鄉
人名施進者訴於和和擒祖義獻俘闕下以進代之
進沒女二姐嗣其地自廣州發舟正南行半月可至
自泉州行月餘可至番舶輻湊多廣東漳泉人土沃
宜稼穡諺云一季種谷三季生金言米谷盛而爲金
也習水戰服藥刀不能傷遇敵敢死鄰國畏之水多
土少惟將領陸居民率架筏水中架梁柱不輸租賦

有事隨時調發語言如爪哇市用錢布幷燒煉五色珠字用梵書以其王指環爲印王出入乘船身纏花布衛以金鏢俗稱其王爲龍精不火食食則大荒不水浴浴則大潦惟食沙糊浴薔薇露而巳前後國王各先用金鑄其形質代代勿毀舊傳其國地面忽然穴出生牛數萬人取食之後用竹木窒其穴乃絕其產物亦多有火雞（頂有軟紅冠如紅絹二片渾身如羊毛青色其爪甚利傷人致死好食火炭故名用棍朴擊不能死與滿剌加出者不同）神鹿（高三尺大如巨豕）鶴頂（海鶴頂也爲帶甚佳）血結（治傷妙藥）薔薇水金銀香（色白如銀）膃肭臍（形如狐走如飛取其腎以漬油名膃肭臍）爲奇

論曰海濱諸國兩粵亾命多遁歸之大都能導夷人作逆如日本事可概見也第三佛齊勢孱弱爾陳祖義施進俱係叛賊謂宜先誅祖義旋及施進即不然檻進抵京以杜後來可也曷爲官之同罪異罰鄭和失之矣

暹羅

暹羅本暹與羅斛二國暹國漢赤眉之遺種也土瘠不宜耕種羅斛土肥衍多穫暹人歲仰給焉自古不通中國元至正間暹人降於羅斛合爲一國進金字表欲元遣使至其國比至元已先遣使彼蓋未之知

也賜來使素金符佩之使急追詔使同往大德初暹
國王上言其父在位時朝廷嘗賜鞍轡白馬金縷衣
乞循舊例以賜元賜以金縷衣不賜以馬我　朝洪
武初遣大理聞良輔往諭之國王參烈昭昆牙遣使
朝貢併獻其國地圖上遣人賜以印誥永樂初乞量
衡爲國中式　詔給之頃之其國使與琉球修好爲
風漂舟至福建省布政司籍記船物請命　上曰番
邦修好美事也豈可利其物而籍之其令布政司舟
壞者修理乏食者給粟俟有便風仍導之去使歸暹
人戴之自是朝貢不絕而我亦輒遣使封其嗣王成

化間其貢使有美亞者乃本朝汀州士人謝文彬也昔因販鹽下海爲風飄入暹羅遂仕其國嘗至南京爲其從子瓚偶遇識之爲織殊色錦綺貿易番貨事覺下吏始吐實焉嘉靖中國王遣使貢白象及方物白象已斃遺象牙一枝長八尺牙首鑲金石榴子十顆中鑲珍珠十顆寶石四顆尾置金剛錐一根又金盒內貯白象尾爲證隆慶時爲東牛國所攻欽賜印信被兵焚無存奏請另給禮部議往彼國取印篆字樣并精通番字人員赴京教習後使來遂賜冠服留教習其國由廣東香山縣登舟順風計約四十日可

至遇東風飄舟西行即舟壞猶可登山東有山名萬里石塘者起自琉球國潮至則没潮退方見若東風飄舟至此十無一存者故彼來貢必五六月南風此去則用十一二月北風過此則不敢行矣王宮殿壯麗民樓居上聯檳榔片或陶瓦覆之坐臥即於樓上籍以氈及藤席無牀几之制惟王以受封天朝故留髮臣及庶民俱剪髮婦人留髮椎髻於後無姓有名爲官者稱握某爲民上者稱柰某最下稱隘某葬有鳥葬火葬水葬王死水銀灌腹以帛纏之同片腦納棺中停置一年仍用火化拾骨葬于塔下貴人亦然

小罪枷桎遊市中大罪殺之河邊浮[illegible]婦誦佛經字皆横書横誦俗頗趨利薇富笑貧言語多類廣東婚姻俗浮澆習水戰好鬭喜寇掠市物少則用海䏌多則用銀銀必經王鐵印印過每百兩入稅六錢方可通行無印紋即私銀也三犯者死婦人多智凡事夫決於妻妻與中國人交恬不爲耻反以交多者爲榮男陽嵌鈴或一或三富者金銀貧者以銅行則有聲婚姻用僧取女紅帖男額上氣候常熱無霜雪其譯語天爲普剌地爲佃因日爲脈月爲晚物産最饒小民多載舟往他國商販有金鋼鑽薔薇露羅

斛香（味極清遠）奇木（其花鬚類黑漆匙筋以之飲食油膩不能汚偶以染茶隨手而消）白鼠（毛白如雪）奇龜（六足）酒（四夷中酒以暹羅爲第一）爲異

柯枝

柯枝古槃槃國也東連大山西南北皆海漢晉未通宋梁時俱三遣使入貢隋大業中亦復遣使後絕獻物有佛畫塔圖菩提樹葉舍利子我 朝洪武中來貢至永樂二年王可亦里遣使朝貢十年復遣使請封其國大山詔從之是時太監鄭和使至其國國王瑣里人也首纏黃白布上不衣下縈絲帨束絲壓腰綴椰木葉苫屋國人五種曰南昆與王同類祝髮以

綿懸脛爲貴族次回回人次富有財者曰哲地次牙繪曰革全又次卑賤者曰木瓜木瓜濵海穴居捕漁爲業屋簷不得過三尺上衣不過膝途遇南昆哲地即伏候過乃行王尚浮屠敬象牛建寺範金爲佛佛座四旁砌成溝渠中穿一井每旦鳴鍾鼓汲井泉以灌佛頂數回巳乃禮之有曰濁肌者葢道士流也不剃胎髮髮縷縷垂後牛糞灰塗體亦取與女行吹大螺妻隨之乞錢氣候常熱多雨五六月間大雨街市成河至八月乃盡市用銀錢十五當金錢其山川鎮國山永樂二年封上賜碑文產蓬蓬柰肉紅味甘夷人乾以附遠珠寶香布

等物俱佳

討來思

討來思卽古赤土國也隋時通焬帝嗣位募能通絶域者大業三年屯田主事常駿虞部主事王君政等請使赤土帝大悅遣齎物五千段以賜赤土王駿等至於赤土之界其王遣婆羅門鳩摩羅以舶三十艘來迎吹蠡擊鼓爲樂更進金鏁以纜船月鑷金合二枚貯香油金瓶八枚貯香水白疊布四條以擬供使者盥洗其日未時那邪迦又將象二頭持孔雀蓋以迎使者并致金盤金花以藉詔函男女百人奏蠡

鼓婆羅門二人導路至王宮駿等奉詔書上閤王以
下皆坐宣詔訖引駿等坐奏天竺樂事畢駿等遣婆
羅門就館送食以草葉爲盤具大方丈因謂駿曰今
是大國臣非復赤土國矣後數日請駿等入宴儀衛
導從如初見之禮王前設兩牀牀上並設草葉盤方
一丈五尺上有黃白紫赤四色之餅牛羊魚鱉猪蝳
蝐之肉百餘品延駿升牀從者於地席各以金鍾置
酒女樂迭奏禮遺甚厚遣那邪迦隨貢方物幷獻金
芙蓉冠龍腦香以鑄金爲多羅葉隱起成文以爲表
金函封之令婆羅門以香花奏蠡鼓而送之駿以明

年春與那邪迦於弘農謁帝帝大悅授駿等執戟都尉那邪迦等官賞各有差以後不通中國我　朝名討來思宣德六年遣人朝貢其國近山山下有水赤色望之如火杜氏通典載其王姓瞿曇氏名利富多塞不知有國遠近稱其父釋王位出家爲道傳位於利富多塞在位十六年矣其俗皆穿耳剪髮無跪拜之禮以香油塗身尚釋敬佛教重婆羅門婦人作髻於頂後男女通以朝霞朝雲雜色布爲衣豪富之室恣意華美唯金鑠非王賜不得服用每婚姻擇吉日女家先期五日作樂飲酒父執女手以授壻七日乃

配既娶即分財别居惟幼子與父同居父母兄弟死則剔髮素服就水上構竹木爲棚棚内積薪以屍置上燒香建旛吹蠡擊鼓以送火焚薪遂落於水貴賤皆同惟國王燒訖收灰貯以金瓶藏於廟屋冬夏常濕雨多霽少其產甘蔗酒雜以紫爪根味絕美龍腦香爲奇

沙哈魯

沙哈魯古投和國也隋時聞焉唐貞觀中遣使奉表以金函盛之又獻金榼金鎖寶帶犀象海物等數十品自後未通我　朝名沙哈魯永樂間七十七人來貢其地民淳耻鬬物產豐饒覆屋以瓦並爲閣而居

屋壁皆以彩畫之城內皆王宮室城外人居可萬餘家王宿衛之士百餘人每臨朝則衣朝霞冠金冠耳挂金環頸挂金涎衣足履寶裝皮履官屬有將軍功曹參軍州郡縣等官號刑法盜賊多者死輕者穿耳及鼻幷鑽鬢私鑄銀錢者截腕國無賦稅俱隨意貢奉無多少之限以農商爲業國人乘象及馬一國之中馬不過千匹又無鞍轡唯以繩穿頰爲節制音樂則吹蠡擊鼓死喪則祠祀哭泣又焚屍以甖盛之沉於水中若父母之喪則截髮爲孝其國市物幷貿易皆用銀錢小如榆莢有佛道有學校文字與中夏不

同物産甚多交易海中諸國西域賈胡輒以廉價得奇貨去沙哈魯人不識也

百花

百花古注輦國也自古未通中國宋祥符中國王茶羅遣進奉使侍郎娑里三文等奉表來貢三文等以盤捧眞珠碧玻璃升殿布於御坐前降殿再拜譯者導其言云十年來海無波濤故老相傳中國有聖人故來入貢其國王表辭亦雅馴大略云伏惟皇帝陛下功超邃古位建大中衣裳垂而保合乾坤劍戟鑄而範圍區宇神武不殺人文化成廓明明之德以臨

御下民懷翼翼之心以昭事上帝至仁不傷於行葦大信爰及於淵魚故得天鑒孔彰帝臨有赫顯今古未聞之事保邦家大定之基竊念臣微類醯雞賤如蒭狗世居夷落地遠華風虛荷燭幽曾無執贄今者竊聽謳頌普及遐陬限年屬於桑榆阻躬陳於玉帛剗滄溟之曠絕在跋涉以稍難是敢傾倒赤心遙瞻丹闕任土作貢同螻蟻之慕羶委質事君比葵藿之向日謹遣使三文等五十二人奉土物朝貢云云其使離本國凡千一百五十日至廣州馬自是數來朝貢其使自言願將上等珠就龍牀脚撒殿頂戴贍禮

以申向慕之誠乃奉銀盤升殿跪散珠於御榻下而退謂之撒殿以後來貢者遂以貢物撒殿爲常矣元時未聞我　朝謂之百花國多奇花故名洪武十一年國王剌丁剌者望沙遣使朝貢其俗尚佛富饒民有罪即命侍郎一員處治之輕者縶於木格笞五七十至一百重者則斬或以象踐殺之其宴則國王與四侍郎膜拜於階遂共坐作樂歌舞不飲酒而食肉俗衣布亦有餅餌嘗饌執事有婦人其兵陣用象犀前小牌次之梭槍次之長刀又次之弓矢在後四侍郎分領其衆國東南約二千五百里有悉蘭池國時

相侵伐其産眞珠象牙珊瑚玻璃龜筒檳榔豆蔻吉貝布獸有山羊黄牛白鹿紅猴禽有山雞鸚鵡倒挂鳥果有餘甘山谷自生實如橄欖始嘗味酸飲水乃佳藤蘿千年棗椰子甘羅崑崙梅婆羅密實生幹上形似冬瓜皮若栗多棘刺内肉層疊味佳子亦可炒食花有白散絲蛇臍併桑麗秋青黄碧婆羅瑶蓮蟬紫水蕉爲奇

答兒密

答兒密古丹眉流國也自古不通宋咸平初國王多須機遣使九人來貢木香千斤鍮鑞各百斤胡黄連三十五斤紫鉚百斤紅氊一合花布四疋蘇木萬斤

象牙六十一株召見崇德殿賜以冠帶服物及還又賜多須機詔書以敦奬之我 朝永樂中遣使十八人來朝貢方物詔優禮之其俗以板爲屋跣足衣布無紳帶以白紵纏其首貿易以金銀其王所居廣袤五里無城郭出則乘象刑專用箠朴其產犀象瑜石紫鉚蘇木等物

淡巴

淡巴古狼牙脩國也梁時聞焉天監中遣使阿撒多奉表辭皆佛語其從言立國以來四百餘年後嗣衰弱族有賢者國人歸向之王聞乃囚執之其鎖無故

自斷王以爲神不敢害逐之奔天竺天竺妻以女俄而狼牙王死大臣迎還爲王今上表者乃其子婆伽達多也自後不通中國我　朝名淡巴洪武十年國王佛喝思羅遣使朝貢其國風景秀贍地廣產多石城瓦屋王出入乘輿跨馬頗有威儀男女咸務耕織常業市有交易國無寇盜稱樂土矣物產大略與眞臘同

錫蘭山（以下俱東南西南海國其世次名號前代難考第以其通貢中國故備列之）

錫蘭山在大海中永樂七年遣太監鄭和賫詔幷賜物諭之其國王亞烈若柰兒瑣里人也負固不恭謀

害舟師和暗設兵器令衆夜半銜枚殺之入其宮生擒國王至九年獻俘闕下　朝廷赦之還國封國人所推耶巴乃那者爲王正統天順間輒遣使來貢其俗尚釋重象牛㹀牛糞塗體飲牛乳不食其肉殺牛者死王宮民居旦必調牛糞塗室而後禮佛兩手直舒於前兩腿直伸於後胷腹皆著地而拜國富饒地廣人稠亞於爪哇人死用火化婚姻則親鄰婦人皆兩手齊拍胷乳而叫號哭泣爲賀男去鬚毫留髮女椎髻皆以布纒之土宜稻帀用金錢所經海中有赤卯塢塢人穴居男女裸若野獸然食魚蝦及芭蕉子

傳云若有寸布在身卽生爛瘡昔釋迦佛過海於此地入水澡浴塢人盜其衣被釋迦呪誓以故至今人莫能衣其山川古蹟則翠藍山產諸寶石巔有巨足跡云是盤古足跡也彼國人言寶石乃盤古淚夜結成故有五色光彩浮沙中有螺蚌國王令人網取傾入珠池內作爛淘珠焉用而貨也石跡海邊山有一盤石印足跡甚長四時有水不乾云釋迦足跡也山下有寺乃釋迦涅槃處眞身尚在寺中其產青米藍石黃鴉鶻石青紅寶石每遇大雨衝流山下沙中拾取之龍涎香見前爲奇

滿剌加

滿剌加永樂三年王西利八兒速剌遣人朝貢七年我遣太監鄭和賜印誥封爲王九年嗣王拜里迷蘇

剌率其妃子及陪臣五百四十人來朝　上御奉天
門宴王賜王并王妃及子侄賞各有差十二年國王
子母幹撒于的兒沙來朝告父卒　詔命嗣封以後
宣德天順成化時輒遣使來貢成化末給事中林榮
行人黃乾亨奉使冊封其王溺海死各廕一子入監
讀書其地瘠鹵舊名五嶼隸暹羅未稱國既奉我正
朔遂不入暹羅貢俗淳朴尚回回教王白布纏頭身
穿細花番布如袍出入乘轎男方帕包頭女人撮髻
腦後俱上穿色布短衫下圍白布各色手巾身膚黑
如漆間有白者唐人種也民舍如暹羅婚喪大類爪

陸地瘠少收人多以海取魚蚌爲業國有一山泉流溪下民以溪中淘沙取錫煎銷成塊及織茭蕈簟以通市有龜龍四足長牙嚙人又有黑虎能變人形入市其譯語呼天爲安刺地爲布迷日爲哈利月爲補藍其山鎮國西山永樂中賜御製碑文其產火雞紫赤其子殼厚踰重錢或斑或白島夷采之以爲飲盞能食火吐氣故名與出三佛齊者不同黑熊黑猿白麂波羅蜜見前㮕打麻樹脂結成者夜點有光塗舟水不入茭蕈簟其葉織成簟子如荔枝醸爲酒靉靆觀書可助目明沙孤樹取其皮擣作粉謂之沙孤米爲奇

忽魯謨斯

忽魯謨斯永樂三年太監鄭和至其國國王遣人貢

獅子麒麟馬匹珍寶等物其地土沃民富人貌偉頎喜佛惡殺壘石爲城酋長深居練兵畜馬民亦壘石爲屋有三五層者其廚厠臥室待客之所俱在上也男拳髮長衫善騎射女編髮四垂帛繚其項耳挂瓔珞腕腿俱金釧鐲以青石磨水粧點眉唇花紋爲美此富家之飾也婚姻用媒妁如中國禮亦用銀錢國法禁酒有造酒者棄市文武醫卜技藝之人絕勝他國國中有大山山四面出四種物一面出鹽如紅礬塊有重三四百斤者可碎之而食亦可刻爲器皿一面出紅土色如銀硃一面出白土若石灰可以粉牆

一面出黃土色如薑黃王差人守管各處自有人來收買爲用其產松子長二寸許葡萄乾有三四樣一樣紫色如棗一樣雪白色如達子無核一樣如白豆紫白色把晡果似核桃萬年棗結霜如糖味太甜難食大尾羊重者七八十斤尾濶尺餘重有二十餘斤行則以車載尾鬭羊前半截毛拖地後半如剪淨者角上帶牌人家畜之以鬭草上飛見前福鹿似驢而花紋可愛馬哈獸角長過身駝雞見前各色寶石各色美玉器皿各色水晶器皿花毯番絲手巾爲奇

啞魯

啞魯小國也洪武初詔諭海南其國來貢俗淳朴言語婚姻等事皆與爪哇相同產飛虎大如猫遍身灰色有肉翅如蝙

蝠能飛不遠金銀香見前為奇

大唄喃

大唄喃小國也洪武初國王遣使入貢風俗醇朴男女俱纏頭長衫產青白磁器為佳

小唄喃

小唄喃小國也永樂七年太監鄭和至其國國王遣使來貢其地田瘠而穀少歲籍榜葛剌米糧來食男少女多使用金錢其產惟麝香胡椒波羅蜜等物

亦思把罕

亦思把罕在西南海中永樂中遣四十四人朝貢地

廣千里四面皆海國有城堅壯王居侈麗屋厚俗朴
尚佛好施亦有中國人寄寓者

甘把里

甘把里小國也永樂間遣六人朝貢產薄民淳奉佛
不事積聚故雖貧無乞丐者

小葛蘭

小葛蘭小國也永樂中太監鄭和至其國王遣人朝
貢俗尚佛教尊敬象牛婚喪等事大類錫蘭山地亦
相近其產青羊（青毛足高二三尺）黃牛（重四五百斤）爲奇

古里班卒

吉里班卒小國也永樂三年國王遣使朝貢其地土瘠產薄氣候不齊夏則多雨多寒俗質朴男女披短髮假錦纏頭紅布繫身物產無奇

呂宋

呂宋小國也其地產黃金以故人亦富厚俗朴恥訟洪武永樂初俱遣使朝貢萬曆四年助討逋賊有功來貢貢道由福建入於正賞外加賜如朝鮮國

合猫里

合猫里小國也永樂三年國王遣使朝貢土瘠其地多山山外大海饒魚虫民知耕稼物產無奇

碟里

碟里小國也永樂三年國王遣使朝貢其地人淳產薄尚佛恥訟

打回

打回小國也永樂三年來貢其國數爲鄰國所侵乃治兵器與鄰國戰稍稍得自立風俗與上諸國同物產無奇

日羅夏治

日羅夏治小國也永樂三年遣人朝貢其地人頗知種藝崇佛少盜產惟蘇木胡椒與打回同

賓童龍

賓童龍小國也隸占城永樂中鄭和至其國其地風土人物草木物候與占城略同惟喪禮之事能持孝服設佛事而度死擇僻地而葬之此爲佳也其王乃占城選人爲之王出入乘象馬張紅傘從者百人服餙亦與占城同歲貢方物與占城佛書言王舍城是也今有目蓮基址存焉亦有尸致魚其爲害比之占城更慘民多置廟牲血祭之其產惟奇南香各色花布爲奇

交欄山

交欄山小國也元時高興史弼征闍婆國遭風至其山下有病卒百餘留居其地生育至今皆其裔也我朝永樂中鄭和至其地米穀稀少射獵爲業男女椎髻短衫其產惟豹熊五色絹銅器青碗等物

剌撒

剌撒小國也永樂中鄭和至其國其地倚海而居壘石以爲城屋不生草木田瘠少收惟麥略有歷年無雨鑿井絞車以羊皮袋水男女拳髮長衫婦人粧點兜頭略與忽魯謨斯同其產惟龍涎乳香駱駝磁器等物

彭亨

彭亨在海島中洪武永樂間其王麻哈剌惹答饒俱遣使朝貢獻番奴及方物地多平原禽獸稀少草茂土沃物産無奇

論曰開闢之主貴在宣威承平之君戒於好大二者殊科要皆所以馭遠方而厚中國也昔漢武帝唐太宗俱値治安之世即垂裳而蒞亦可以攝服諸夷顧乃越海泛槎搜奇索異一切方物珍而藏之以爲世寶此非徒好大也且以玩物矣用是後世有遺譏焉若我國家則不然蓋當胡孽不造我 太祖驅椎結

而冠裳之自非來王來享則威不旁暢而朝廷不尊於是即位未幾　詔諭海南遣使絕域而暹羅柯枝以下諸國甫聞　聖帝龍興貢琛恐後梯航繼踵球琛盈廷所繇殆與漢唐二帝異矣厥在今日又安既久惟漢唐之轍是監毋騁虛名毋寶異物何遠之難格也昔益之戒舜曰毋怠毋荒四夷來王有味乎其言之矣

渤泥

渤泥本闍婆屬國在西南大海中前代未通宋太平興國中國王向打始遣使貢大片龍腦粟米龍腦蒼

龍腦玳瑁檀香象牙其表以數重小囊緘封之非中
國紙類木皮瑩滑色微綠而長數尺濶寸餘橫卷之
僅可盈握其字小橫讀之詔優禮馬元至元中王錫
理麻喏復遣使貢方物其使乞從泉州乘海船歸國
從之我　朝洪武四年王馬合謨沙遣使朝貢永樂
三年遣使封其國王麻那惹加那乃爲王六年王率
其妃子及陪臣來朝是年至福建命中官往宴勞之
令所過諸郡設宴至京王奉金字表獻方物妃箋獻
中宮東宮　上御奉天門賜王宴王卒於會同館賜
[illegible]順葬南京城外石子岡樹碑立祠有司春秋致

西南夷人隸籍中國者守之封其子遐旺嗣護送歸國後十二年洪熙元年皆來朝貢俗以板爲城以銅鑄甲狀若大筒室宇弘敞原田豐贍習尚奢侈敬愛華人君臣士民之服頗效中國其山川長寧鎮國山御製碑文賜封其產有藥樹取其根煎爲膏服之及塗其體兵刃所傷皆不能死片腦樹如杉檜取之者必齊沐而往其、片似梅花者爲上貝多葉國人以貝多葉與竹編爲食器食訖棄之王居亦以覆屋吉貝樹也以其花織爲布加蒙樹心可爲酒爲奇

蘇祿

蘇祿其國王有三曰東王西王峒王惟東王爲尊永樂十五年三王各率其妻子頭目朝貢後東王歸次

德州卒命有司營葬爲文立碑墓道謚其妃從十餘人守墓畢三年還國十九年嗣王都麻含來朝獻巨珠一顆重七兩五錢前古所罕見也其俗民食沙糊魚蝦螺蛤短髮纏皂縵煮海爲鹽釀柘爲酒其山川石崎山（國以此爲保障）其產青珠（有至徑寸者形圓）竹布（小竹織成者爲奇）

古麻剌

古麻剌永樂時國王哇來頓本率妻子及陪臣來朝行至福州卒賜謚康靖勑有司葬歲祀之其國有百餘州有城四重國人不葷食有佛宇四千區四萬餘

妓毎日歌舞以獻佛飯王出入乘象戴金冠從者騎馬持劍隨之

論曰渤泥至宋始通蘇祿麻剌前史未載大抵皆慕華之國也我　朝廷未煩一使而其王挈妻子臣屬越海獻琛隕身萬里略無怨悔非甚盛德曷能俾之向化若此哉然賜謚立碑春秋享祀其憑籍中國寵靈亦足以誇示諸夷矣余嘉其事故合三國爲一論云

咸賓録西夷志卷之六終